AF377820

Chaillou del. Fortier Sculp.

LE GALANT TROUBADOUR,

CHANSONNIER FRANÇAIS.

Pour la présente année.

A PARIS,

Chez **CAILLOT**, Imprimeur, rue du
Cimetière-André-des-Arcs, n°. 6.

~~~~~~~~

AN X.—1801.
~~~~~~~~

VENDÉMIAIRE, an 10.

1 prim.		SEPTEMBRE.	23 merc Thécle.
2 duodi			24 jeudi Andoche
3 tridi			25 vend Firmin.
4 quart			26 same Justine.
5 quint			27 *dim.* Côm. et d
6 sexti.			28 lundi Céran, é.
7 septi.	☾ D. Q.		29 mard Michel.
8 octidi	le 7, à		30 merc Jérôme.
9 nonid	7 h. 58	OCTOBRE.	1 jeudi Remi.
10 *déca.*	m. du s.		2 vend Ange gar
11 prim.			3 same Denis A.
12 duodi			4 *dim.* Fr. d'Ass
13 tridi			5 lundi Aure, V.
14 quart			6 mard Bruno
15 quint	◉ N. L.		7 merc Serge.
16 sexti.	le 15, à		8 jeudi Demetre
17 septi.	8 h. 17		9 vend *Denis.*
18 octidi	m. du s.		10 same Géréon.
19 nonid			11 *dim.* Nicaise.
20 *déca.*			12 lundi Vilfrid, é
21 prim.			13 mard Géraud.
22 duodi	☽ P. Q.		14 merc Caliste, p
23 tridi	le 22, à		15 jeudi Thérèse.
24 quart	9 h. 22		16 vend Gal, abb.
25 quint	m. du s.		17 same Cerbony.
26 sexti.			18 *dim.* Luc, év.
27 septi.	☺ Pl. L		19 lundi Savinien.
28 octidi	le 29, à		20 mard Seudom.
29 nonid	7 h. 34		21 merc Uursul, v
30 *déca.*	m. du s.		22 jeudi Mellon.

BRUMAIRE.

<table>
<tr><td>

1	prim.	
2	duodi	
3	tridi	
4	quart	
5	quint	
6	sexti.	
7	septi.	☾ D. Q.
8	octidi	le 7 , à
9	nonid	4 h. 3
10	*déca.*	m. du s.
11	prim.	
12	duodi	
13	tridi	
14	quart	◉ N. L.
15	quint	le 15 , à
16	sexti.	9 h. 33
17	septi.	m. d. m.
18	octidi	
19	nonid	
20	*déca.*	
21	prim.	
22	duodi	☽ P. Q.
23	tridi	le 22 , à
24	quart	4 h. 22
25	quint	m. d. m.
26	sexti.	
27	septi.	☺ Pl. L
28	octidi	le 29 , à
29	nonid	10 h. 12
30	*déca.*	m. d. m.

</td><td>

OCTOBRE.

23	vend	Hilarion.
24	same	Magloire
25	*Dim.*	Crép. et c
26	lundi	Rustique
27	mard	Frument
28	merc	Sim. et J
29	jeudi	Faron, év
30	vend	Lucain.
31	same	*Vigile , j.*

NOVEMBRE.

1	*Dim.*	Touss.
2	lundi	*Trépass.*
3	mard	Marcel, é
4	merc	Charl.-ʙ.
5	jeudi	Berthile.
6	vend	Léonard.
7	same	Villebro.
8	*Dim.*	Reliques
9	lundi	Mathur.
10	mard	Martin, p
11	merc	Martin, é
12	jeudi	René , é.
13	vend	Brice, év
14	same	Laurent
15	*Dim.*	Macloud.
16	lundi	Edme, é.
17	mard	Aignan.
18	merc	Mandé.
19	jeudi	Elisabeth
20	vend	Edmond.
21	same	Prés. n. s.

</td></tr>
</table>

FRIMAIRE.

<table>
<tr><td>1 prim.</td><td></td><td></td><td>22 dim. Cécile, v</td></tr>
<tr><td>2 duodi</td><td></td><td></td><td>23 lundi Clément</td></tr>
<tr><td>3 tridi</td><td></td><td></td><td>24 mard Séverin.</td></tr>
<tr><td>4 quart</td><td></td><td></td><td>25 merc catherine</td></tr>
<tr><td>5 quint</td><td></td><td></td><td>26 jeudi Gen. d.A.</td></tr>
<tr><td>6 sexti.</td><td></td><td></td><td>27 vend Vital.</td></tr>
<tr><td>7 septi.</td><td>☾ D. Q.</td><td></td><td>28 same Sostêne.</td></tr>
<tr><td>8 octidi</td><td>le 7, à</td><td></td><td>29 dim. Avent.</td></tr>
<tr><td>9 nonid</td><td>o h. 53</td><td></td><td>30 lundi André.</td></tr>
<tr><td>10 déca.</td><td>m. du s.</td><td></td><td>1 mard Eloi, év.</td></tr>
<tr><td>11 prim.</td><td></td><td></td><td>2 merc Fr. Xav.</td></tr>
<tr><td>12 duodi</td><td></td><td></td><td>3 jeudi Mirocle.</td></tr>
<tr><td>13 tridi</td><td></td><td></td><td>4 vend Barle, v</td></tr>
<tr><td>14 quart</td><td>◉ N. L.</td><td></td><td>5 same Sabas, a.</td></tr>
<tr><td>15 quint</td><td>le 14, à</td><td></td><td>6 dim. Nicolas.</td></tr>
<tr><td>16 sexti.</td><td>9 h. 25</td><td></td><td>7 lundi Fare, v.</td></tr>
<tr><td>17 septi.</td><td>m. du s.</td><td></td><td>8 mard Concept.</td></tr>
<tr><td>18 octidi</td><td></td><td></td><td>9 merc gorgonie</td></tr>
<tr><td>19 nonid</td><td></td><td></td><td>10 jeudi Coremin</td></tr>
<tr><td>20 déca.</td><td></td><td></td><td>11 vend Josse, p.</td></tr>
<tr><td>21 prim.</td><td>☽ P. Q</td><td></td><td>12 same Damas.</td></tr>
<tr><td>22 duodi</td><td>le 21, à</td><td></td><td>13 dim. Luce.</td></tr>
<tr><td>23 tridi</td><td>1 h. 2</td><td></td><td>14 lundi Nicaise.</td></tr>
<tr><td>24 quart</td><td>m. du s.</td><td></td><td>15 mard Maximin</td></tr>
<tr><td>25 quint</td><td></td><td></td><td>16 merc Q. Tems</td></tr>
<tr><td>26 sexti.</td><td></td><td></td><td>17 jeudi Olympia</td></tr>
<tr><td>27 septi.</td><td>☺ Pl. L</td><td></td><td>18 vend Gratien.</td></tr>
<tr><td>28 octidi</td><td>le 29, à</td><td></td><td>19 same Meuris.</td></tr>
<tr><td>29 nonid</td><td>3 h. 11</td><td></td><td>20 dim. philogon.</td></tr>
<tr><td>30 déca.</td><td>m. d. m.</td><td></td><td>21 lundi Thomas.</td></tr>
</table>

NOVEMBRE. DÉCEMBRE.

NIVOSE.

<table>
<tr><td>1</td><td>prim.</td><td></td><td rowspan="30" style="writing-mode: vertical-rl">DÉCEMBRE.</td><td>22</td><td>mard</td><td>Isquirion</td></tr>
</table>

1	prim.			22	mard	Isquirion
2	duodi			23	merc	Yves.
3	tridi			24	jeudi	*Vigile*, *j.*
4	quart			25	vend	NOEL.
5	quint			26	same	*Etienne.*
6	sexti.			27	*dim.*	*Jean éva.*
7	septi.	☾ D. Q.		28	lundi	Innocens
8	octidi	le 7, à		29	mard	Th. de C.
9	nonid	8 h. 28		30	merc	Roger év
10	*déca.*	m. d. m.		31	jeudi	Sylvestr.
11	prim.			1	vend	*Circoncis*
12	duodi			2	same	Basile.
13	tridi			3	*dim.*	*Geneviè.*
14	quart	● N. L.		4	lundi	Rigobert.
15	quint	le 14, à		5	mard	Siméon v
16	sexti.	8 h. 17		6	merc	*Epiphan.*
17	septi.	m. d. m.		7	jeudi	Théau.
18	octidi			8	vend	Lucien.
19	nonid			9	same	Furcy, a
20	deca.			10	*dim.*	Paul, h.
21	prim.	☽ P. Q.		11	lundi	Théodor.
22	duodi	le 21, à		12	mard	Fréjus.
23	tridi	o h. 13		13	merc	B. de n. s.
24	quart	m. d. m.		14	jeudi	Hilaire.
25	quint			15	vend	Maure, a.
26	sexti.			16	same	Guillau.
27	septi.	☉ Pl. L.		17	*dim.*	Antoine.
28	octidi	le 28, à		18	lundi	Ch. s. P.
29	nonid	9 h. 57		19	mard	Sulpi. é.
30	*déca.*	m. du s.		20	merc	Sébasti.

PLUVIOSE.

1	prim.			21 jeudi	Agnès, v.
2	duodi			22 vend	Vincent.
3	tridi			23 same	Ildefonse
4	quart			24 *dim.*	Babylas.
5	quint			25 lundi	Con. S. P.
6	sexti.			26 mard	Paule, v.
7	septi.	☾ D. Q.		27 merc	Julien.
8	octidi	le 7, à		28 jeudi	Charlem.
9	nonid	1 h. 3 m.		29 vend	Fr. de S.
10	*déca.*	du m.		30 same	Batilde
11	prim.			31 *dim.*	Pierre N.
12	duodi			1 lundi	Ignace.
13	tridi	◉ N. L.		2 mard	PURIFIC.
14	quart	le 13, à		3 merc	Blaise.
15	quint	6 h. 43		4 jeudi	Philéas.
16	sexti.	m. du s.		5 vend	Agathe.
17	septi.			6 same	Vast, év.
18	octidi			7 *dim.*	Romuald
19	nonid			8 lundi	Jean d. m
20	*déca.*	☽ P. Q.		9 mard	Appolli.
21	prim.	le 20, à		10 merc	Scholast.
22	duodi	2 h. 10		11 jeudi	Séverin.
23	tridi	m. du s.		12 vend	Mélece.
24	quart			13 same	Lezin, é.
25	quint			14 *dim.*	*Septuagé*
26	sexti.			15 lundi	Siffroi.
27	septi.	☻ Pl. L.		16 mard	Jullienne
28	octidi	le 28, à		17 merc	Sylvin.
29	nonid	5 h. 17		18 jeudi	Siméon é
30	*déca.*	m. du s.		19 vend	Moyse

VENTOSE.

1	prim.			20 same Eucher,
2	duodi		**F**	21 *dim. Sexages.*
3	tridi		**É**	22 lundi Ch. s. P,
4	quart		**V**	23 mard Damien.
5	quint		**R**	24 merc Mathias.
6	sexti.	☽ D. Q.	**I**	25 jeudi Taraise.
7	septi.	le 6, à	**E**	26 vend Porphire
8	octidi	1 h. 58	**R.**	27 same Honorine
9	nonid	m. du s.		28 *dim. Quinqua.*
10	*déca.*		**M**	1 lundi Aubin.
11	prim.		**A**	2 mard Simplice
12	duodi		**R**	3 merc *Les Cend*
13	tridi		**S.**	4 jeudi Casimir,
14	quart	● N. L.		5 vend Les 5 pl.
15	quint	le 14, à		6 same Godegr.
16	sexti.	5. h. 4		7 *dim. Quadrag.*
17	septi.	m. d. m.		8 lundi J. de Dieu
18	octidi			9 mard Françoise
19	nonid			10 merc Q. *Tems.*
20	*déca.*	☽ P. Q.		11 jeudi Les 40 M.
21	prim.	le 20, à		12 vend S. Pol, é.
22	duodi	6 h. 33		13 same Euphras.
23	tridi	m. d. m.		14 *dim. Reminisc*
24	quart			15 lundi Lubin, é.
25	quint			16 mard Abraha.
26	sexti.			17 merc Gertrude
27	sept.	☺ Pl. L.		18 jeudi Alexand.
28	octidi	le 28, à		19 vend Joseph.
29	nonid	11 h. 24		20 same Joachim.
30	*déca.*	m. d. m.		21 *dim. Oculi.*

GERMINAL.

1	prim.			22 lundi Paul, év.
2	duodi			23 mard victo e
3	tridi			24 merc Simon, m
4	quart		M	25 jeudi L'Ann.
5	quint	☾ D. Q.	A	26 vend Lugder.
6	sexti.	le 5, à 11	R	27 same Rupert, é
7	septi.	h. 16 m.	S	28 *dim. Lætare.*
8	octidi	du soir.	.	29 lundi Eustase.
9	nonid			30 mard Rieule.
10	*déca.*			31 merc Acace.
11	prim			1 jeudi Hugues.
12	duodi	● N. L.	A	2 vend Fr. de P
13	tridi	le 12, à	V	3 same Richard.
14	quart	3 h. 24	R	4 *dim. La pass*
15	quint	m. du s.	I	5 lundi Vincent
16	sexti		L	6 mard Prudence
17	septi		.	7 merc Hégésip.
18	octidi			8 jeudi Perpétue
19	nonid			9 vend Compas.
20	*déca.*	☽ P. Q.		10 same Macaire.
21	prim	le 20, à		11 *dim. Les Ram.*
22	duodi	o h. 34		12 lundi Jules.
23	tridi	m. d. m.		13 mard Justin.
24	quart			14 merc Hermen.
25	quint			15 jeudi Tiburce.
26	sexti.			16 vend *V. Saint.*
27	septi	☺ P. L.		17 same Paterne.
28	octidi	le 28, à		18 *dim.* PAQUES.
29	nonid	2. h. 44		19 lundi Timon.
30	*déca.*	m. d. m.		20 mard Hildegon

FLORÉAL.

1 prim.			21 merc	Anselme
2 duodi			22 jeudi	Opport.
3 tridi			23 vend	Georges.
4 quart			24 same	Beude.
5 quint	☾ D. Q.		25 *dim.*	Quasim.
6 sexti.	le 5 , à		26 lundi	Clet, P. M
7 septi.	5 h. 54	A V R I L.	27 mard	Policarp.
8 octidi	m. d. m.		28 merc	Vital, M.
9 nonid			29 jeudi	Robert.
10 *déca.*			30 vend	Eutrope.
11 prim.			1 same	Jacq. et P
12 duodi	◉ N. L.		2 *dim.*	Athanase
13 tridi	le 12, à	M A I.	3 lundi	Inv. S. C.
14 quart	1 h. 52		4 mard	Monique
15 quint	m. d. m.		5 merc	Conv. s. a
16 sexti.			6 jeudi	Jean P. L
17 septi			7 vend	Auguste.
18 octidi			8 same	Ap de m
19 nonid	☽ P. Q.		9 *dim.*	Grégoire
20 *déca.*	le 19, à		10 lundi	Soulange
21 prim.	7 h. 6 m		11 mard	Mamert.
22 duodi	du soir.		12 merc	Nérée, m
23 tridi			13 jeudi	Servais.
24 quart			14 vend	Pons.
25 quint			15 same	Isidor.
26 sexti.			16 *dim.*	Honoré.
27 septi.	☉ Pl. L		17 lundi	Pascal.
28 octidi	le 27, à		18 mard	Félix.
29 nonid	2 h. 46		19 merc	Célestin.
30 *déca.*	m. du s.		20 jeudi	Bernardi

1 prim.			21 vend	Hospice.
2 duodi			22 same	Julie.
3 tridi			23 *dim.*	Didier.
4 quart	D.Q.		24 lundi	*Rogation*
5 quint	le 4, à		25 mard	Urbain.
6 sexti.	11 h. 5		26 merc	Philippe
7 septi.	m. du m		27 jeudi	*L'Ascens*
8 octidi			28 vend	Germain
9 nonid			29 same	Maximin
10 *déca.*	N. L.		30 *dim.*	Hubert.
11 prim.	le 11, à		31 lundi	Perrine.
12 duodi	0 h. 52		1 mard	Pamphil.
13 tridi	m. du s.		2 merc	Pothin.
14 quart			3 jeudi	Clotilde
15 quint			4 vend	Quirin.
16 sexti.			5 same	*Vigile j.*
17 septi.			6 *dim.*	PENTEC.
18 octidi			7 lundi	Mériades
19 nonid	P. Q.		8 mard	Médard.
20 *déca.*	le 19, à		9 merc	Q. *Tems.*
21 prim.	0 h. 57		10 jeudi	Landry.
22 duodi	m. du s.		11 vend	Barnabé.
23 tridi			12 same	Basilide.
24 quart			13 *dim.*	*La Trini.*
25 quint			14 lundi	Rufin,
26 sexti.	P. L.		15 mard	Guy, m.
27 septi.	le 26, à		16 merc	Cyr.
28 octidi	11 h. 59		17 jeudi	F. DIEU.
29 nonid	m. du s.		18 vend	Marine.
30 *déca.*			19 same	Gervais.

MAI — JUIN.

MESSIDOR.

1	prim.			20	*dim.* Sylvère.
2	duodi			21	lundi Leufroi.
3	tridi	☾ D. Q.		22	mard Paul.
4	quart	le 3, à 4		23	merc Andrie. *j*
5	quint	h. 10 m.		24	jeudi *Oc. F. D.*
6	sexti.	du soir.		25	vend Tr. s. El.
7	septi.			26	same Babolein.
8	octidi			27	*dim.* Crescent
9	nonid			28	lundi Irénée.
10	*déca.*			29	mard *Pierre P.*
11	prim.	◉ N. L.		30	merc Com. s P.
12	duodi	le 11, à		1	jeudi Martial
13	tridi	1 h. 7		2	vend Vis. n. D
14	quart	m. d. m.		3	same Anatole.
15	quint			4	*dim.* Tr. s. M.
16	sexti.			5	lundi Valère.
17	septi.			6	mard Tranquil
18	octidi	☽ P. Q.		7	merc Aubierge
19	nonid	le 19, à		8	jeudi Aquilas.
20	*déca.*	5 h. 3		9	vend Victoire.
21	prim	m. d. m.		10	same Félicité.
22	duodi			11	*dim.* Tr. s. B.
23	tridi			12	lundi Tr. s. prix
24	quart			13	mard Turiat, é.
25	quint			14	merc Bonavent
26	sexti.	☺ Pl. L.		15	jeudi Henri.
27	septi.	le 26 à		16	vend N. D. duc.
28	octidi	7 h. 37		17	same Sperat.
29	nonid	m. d. m.		18	*dim.* Clair.
30	*déca.*			19	lundi Vinc. d. p

THERMIDOR.

1	prim.			20	mard Marguer·
2	duodi	☾ D. Q.		21	merc Victor m
3	tridi	le 2 , à		22	jeudi Madelein
4	quart	10 h. 32		23	vend Appolina
5	quint	m. du m.		24	same Christine
6	sexti.			25	*dim.* Jac. et C.
7	septi.			26	lundi Tr. s. M.
8	octidi			27	mard Pantaléo.
9	nonid			28	merc Anne.
10	*déca.*	◉ N. L.		29	jeudi Martine.
11	prim.	le 10 , à		30	vend Ours.
12	duodi	5 h. 13		31	same Germ. A.
13	tridi	m. du s.		1	*dim.* Sucs. s. c.
14	quart			2	lundi Etienne.
15	quint			3	mard Inv. s. Et
16	sexti.			4	merc Dominiq.
17	septi.			5	jeudi Yon.
18	octidi	☽ P. Q.		6	vend T. de n. s.
19	nonid	le 18 , à		7	same Gaëtan.
20	*déca.*	7 h. 4		8	*dim.* Justin, m
21	prim.	m. du s.		9	lundi Spire.
22	duodi			10	mard Laurent.
23	tridi			11	merc Ste-Cour
24	quart			12	jeudi Claire. v.
25	quint			13	vend Hippolite
26	sexti.			14	same *Vigile j.*
27	septi.	☺ Pl. L.		15	*dim.* Assomp.
28	octidi	le 27 , à		16	lundi Roch.
29	nonid	2 h. 57		17	mard Mamès.
30	*déca.*	m. d. m.		18	merc Hélène.

JUILLET.   AOUT.

FRUCTIDOR.

1 prime.		**AOUT.** 19 jeudi	Louis év.
2 duodi.	☾ D. Q.	20 vendr	Bernard.
3 tridi	le 2, à 7	21 samed	Privat, é.
4 quarti.	h. 23 m.	22 *diman.*	Symphor.
5 quinti.	du matin.	23 lundi	Thimorée
6 sextidi		24 mardi	Barthélem.
7 septidi		25 mercr	*Louis.*
8 octidi.		26 jeudi	Gelais.
9 nonidi		27 vendr	Cesaire.
10 *décadi*	◉ N. L.	28 samed	Augustin.
11 prime.	le 10, à	29 *diman.*	Médéric.
12 duodi.	7 h. 9 m.	30 lundi	Fiacre.
13 tridi	du matin.	31 mardi	Ovide.
14 quarti.		**SEPTEMBRE.** 1 mercr	Leu. et G.
15 quinti.		2 jeudi	Lazare.
16 sextidi		3 vendr	Grégoire.
17 septidi		4 samed	Rosalie.
18 octidi.	☽ P. Q.	5 *diman*	Bertin, a
19 nonidi	le 18, à	6 lundi	Onésippe.
20 *décadi.*	6 h. 50	7 mardi	Cloud, pr.
21 prime.	m. du m.	8 mercr	*Nat. d. n.*
22 duodi.		9 jeudi	Omer é.
23 tridi		10 vendr	Nic. Tol.
24 quarti.	☺ Pl. L.	11 samed	Patient.
25 quinti.	le 24, à	12 *diman*	Serdot, é.
26 sextidi	10 h. 55	13 lundi	Maurille.
27 septidi	m. du s.	14 mardi	Ex. ste. c.
28 octidi		15 mercr	Q. *Tems.*
29 nonidi		16 jeudi	Euphémie
30 *décadi*		17 vendr	Lambert.

JOURS COMPLÉM.	☾ D. Q.		
1 primedi 18 samedi	le 1 à 7 h	3 tridi	20 lundi
2 duodi 19 *dimanc.*	45 m d s.	4 quartidi	21 mardi
		5 quintidi	22 mercred

LE GALANT TROUBADOUR,

CHANSONNIER FRANÇAIS.

LE GALANT TROUBADOUR.

Imitation de la première Ode d'Anacréon.

Air : *de la Romance des Troubadours.*

En vain je veux vous chanter sur ma lyre,
Vaillans guerriers, vainqueurs et généreux ;
Ses tendres sons ne se plaisent qu'à dire :
Il faut aimer et borner là ses vœux.
Ma lyre chante et l'Amour et ses feux.

J'essaie encor de chanter cet Alcide,
Dont les travaux furent si glorieux ;
Mais c'est en vain, ma lyre trop timide
Ne sait offrir que des sons langoureux.
Ma lyre chante et l'Amour et ses feux.

A

Obéissons , et malgré mon envie
Ne chantons plus tous ces héros fameux
Fesons au cœur de la belle *Zélie* ,
Fesons passer mes soupirs amoureux.
Chante ma lyre et l'amour et ses feux.

Anonyme.

L'HISTORIEN DE LA NATURE.

Air : *Femmes , voulez-vous éprouver.*

Vous qui cherchez à retrouver
De Buffon les traces savantes ,
Son livre en main , venez rêver ,
Au milieu du Jardin des Plantes.
Il n'est pas un de ses bosquets
Qui ne redise à l'ame pure
Et la science et les bienfaits
De l'écrivain de la nature.

Environné des végétaux
Dont il sut diriger les classes ,
Au doux ramage des oiseaux ,
Qu'il peignit avec tant de graces ,
Entre le cèdre et l'églantier ,
Buffon couché sur la verdure ,
Écrivit son ouvrage entier
Sur les genoux de la nature.

Il est dans le monde bien des Éléphans.

AIR : *Ah ! voilà la vie , la vie , etc.*

Ça , ça, qu'on m'écoute.
Tout homme à présent
Plus ou moins sans doute
Tient de l'éléphant.
Chacun a sa trompe
   Sa trompe
    Qui pompe ,
Chacun a sa trompe
    Qui pompe
     Notre argent.

Ce gros empirique
Sur son cheval blanc ,
Qui vend un topique
Pour le mal de dent,
N'a t-il pas sa trompe,
   Sa trompe
    Qui , etc.

D'un tripot funeste
Ce banquier riant ,
Qui d'un râteau leste
Va tout balayant,
   N'a t-il pas sa trompe,
   Sa trompe ,
   Qui , etc.

Maint homme à sacoches
Au péron se rend ;
Mais gare à vos poches,
Car tout en courant,
N'a-t-il pas sa trompe,
Sa trompe
Qui pompe,
N'a-t-il pas sa trompe
Qui pompe
Notre argent ?

(Extrait du même Vaudeville.)

LA VRAIE CONSTANCE.

A I R : Triste raison, j'abjure ton empire.

Eh quoi ! tu crains que mon âme volage,
D'un autre objet ne se laisse enflammer !
Moi qui toujours épris de ton image,
Ne sus jamais vivre que pour t'aimer.

De tes soupçons, ah ! connais l'injustice.
Peut-on changer quand on est sous ta loi ?
Le tendre Amour, si sujet au caprice,
Devient constant, dès qu'il est près de toi.

Oui, ta sagesse et ta douce innocence
M'inspireront une éternelle ardeur ;
Quand tes attraits auraient moins de puissance,
Tant de vertus enchaîneraient mon cœur.

Anonyme.

LA BELLE INCONNUE.

SANS peine à l'accent je comprends
Que la voix est aimable et tendre :
Mais ce n'est rien si je n'apprends
Pour qui la voix se fait entendre.
Quand ce qu'on sait a quelqu'appas,
Sur-tout en amour c'est l'usage,
On croit que ce qu'on ne sait pas
Doit en avoir bien davantage.

Souvent le hasard nous instruit
Sans qu'on ait le dessein d'apprendre,
Et le cœur aidé par l'esprit,
Devine avant que de comprendre.
Alors, d'un rien naît un desir,
Un desir trouble la plus sage :
Et dès qu'on soupçonne un plaisir,
On veut en savoir davantage.

Ici je mettrais mon bonheur
A connaître ce que j'ignore :
Car plus ce qu'on sait plaît au cœur,
Plus l'on voudrait apprendre encore.
De-là viennent tant de faux pas,
Et, même instruite, la plus sage,
Dans ce qu'elle n'ignore pas
Voudrait en savoir davantage.

(Chap. Second , op. com. Par Emm. DUPATY.*)*

A 3

LA RUPTURE.

A MON INFIDELLE.

AIR : *Il faut des époux assortis.*

SIX mois me laissant mon erreur,
Je fus l'esclave de tes charmes :
Le souvenir de mon bonheur
De regret m'arrache des larmes.
De ton cœur, en s'offrant à toi,
Un autre effaça mon image ;
S'il fut plus aimable que moi ,
Il ne put t'aimer davantage.

Tu n'entendras jamais de moi
Aucun reproche, aucune plainte;
De l'Amour subit-on la loi ?
Ce ne peut être par contrainte.
Tu m'aimais et tu m'as quitté ,
Vraiment j'en ignore la cause:
Mais je sais que de volupté
Six mois sont toujours quelque chose.

On me disait que la beauté
Presque toujours est inconstante,
Il faut donc que l'amant quitté ,
Espère revoir son amante :

Soit par caprice ou par retour,
Recherchant encor ma présence,
Si tu reprenais ton amour,
Moi j'oublierais ton inconstance.

J. A. JACQUELIN.

LE MILITAIRE

MAUVAIS DANSEUR,

CONTE.

Un jeune officier dans un bal
Dansait d'assez mauvaise grace ;
Un spectateur s'écrie : Oh dieu ! qu'il danse mal !
L'officier se retourne et de l'œil le menace.
Le bal fini, son soin le plus pressé
Est d'aborder celui qui l'avait offensé :
« Monsieur, dit-il, d'un ton sévère,
» Vous m'avez critiqué pour l'air dont je dansais,
» Mais vous reconnaîtrez, j'espère,
» Que je me bats du moins avec plus de succès. »
Eh bien, dit l'autre sans colère,
Battez-vous donc toujours et ne dansez jamais.

Anonyme.

A 4

LE BONHEUR CHAMPÊTRE.

AIR : *Je le tiens, ce nid de fauvette.*

THOMAS, dans son humble chaumière,
Vit content, paisible et joyeux :
Il est pauvre ; mais sur la terre,
Est-il un mortel plus heureux ?
Nul chagrin n'attriste son âme ;
Nul remords ne trouble ses sens ;
Il est adoré de sa femme,
Il est chéri de ses enfans.

Lorsque le berger, de la plaine
Le soir ramène son troupeau,
Thomas, en oubliant sa peine,
Retourne gaîment au hameau.
Là, dans une cabane obscure,
La tendresse, le sentiment,
L'amour, l'amitié, la nature,
La fidélité, tout l'attend.

Il entre.... ô transports d'allégresse !
Sa jeune épouse, ses enfans,
Jouissent, au sein de l'ivresse,
Des plus tendres embrassemens.
Ah ! mon ami, dis-nous, de grace,
Lui dit sa femme, es-tu bien las ? ---
Je te revois, je les embrasse ;
Eh ! puis-je l'être entre vos bras ?

Soudain dans la sombre chaumière,
Par Lison le couvert est mis ;
Le feu brille ; une lampe éclaire,
Et Thomas déjà s'est assis.
Sur son genou monte Suzette,
Sur l'autre se place Colin ;
Lison va, vient, Lison apprête,
Et sert le champêtre festin.

Quel souper ! quelle aimable fête !
On mange, on rit, on est content.
Papa, maman est satisfaite,
Lui dit Colin, en l'embrassant.
Maman nous aime à la folie :
Nous n'avons point été méchans.
Papa, conte-nous, je te prie,
Une histoire de revenans.

Contenter votre tendre mère,
Chers petits, c'est me contenter.
Elle vous aime : il faut lui plaire,
La chérir et la respecter.
Allons, je dois vous satisfaire,
Vous l'avez mérité tous deux :
Ecoutez bien ;.... et ce bon père
Redevient enfant avec eux.

Que vois-je ? leur plaisir s'envole,
Et leurs yeux ont peine à s'ouvrir.

Enfin bientôt sur chaque épaule
Thomas les contemple dormir.....
O félicité vive et pure !
Heureux père , quel doux fardeau !
Vous tous , amis de la nature ,
Voyez , admirez ce tableau.

Déjà Thomas et son amie
Dans leur lit cherchent le repos ;
Et sur leur paupière assoupie
Morphée épand tous ses pavots.
Ils dorment.... nul songe terrible
Ne vient tourmenter leur sommeil ;
Ils dorment d'un sommeil paisible ,
Sans craindre l'instant du réveil.

Etres rampans et méprisables ,
Vous dont l'avarice est la loi ;
Vous, orgueilleux insatiables ;
Vous, gens du monde , écoutez-moi :
Travailler, nourrir sa famille ,
L'aimer , pour Thomas est bien doux !
Thomas n'a rien.... chez vous l'or brille....
Thomas est heureux.... l'êtes-vous ?

Par le cit. CONJON.

LES AMANS ET LES GUERRIERS.

Air : *Laissons les amans , la tendresse.*

Voler de victoire en victoire ,
Affronter les plus grands dangers ,
Chaque jour se couvrir de gloire ,
Voilà les plaisirs des guerriers.
Passer aux genoux de sa belle
Les plus voluptueux momens ,
Ne la voir jamais infidelle ,
Voilà les plaisirs des amans.

Toujours prêt à perdre la vie ,
Revoir rarement ses foyers ,
Etre en butte à la calomnie ,
Voilà les peines des guerriers.
D'une funeste jalousie
Sentir les poisons dévorans ,
Etre délaissé d'une amie ,
Voilà les peines des amans.

Par ses vertus et son courage ,
Mériter les plus beaux lauriers ,
Voir voler son nom d'âge en âge ,
Voilà le bonheur des guerriers.

A 6

Avec une amante chérie
Former les nœuds les plus charmans,
En être aimé toute la vie,
Voilà le bonheur des amans.

Par le cit. MARCHAND.

LE RENDEZ-VOUS,

CONTE.

GENTILLE *Hébé*, non moins sage que belle,
Se promenait avec son triste époux,
Vieux libertin, et partant vieux jaloux.
Un homme passe : Ah ! vous voilà, dit-elle !
Aux rendez-vous, mon cher, vous êtes bien fidèle !
--- Belle dame, pardon. Demain matin chez vous
Je suis sans faute à vos pieds, à genoux. ---
Ouais, dit l'époux, oser se déclarer leur flamme
A mon nez, à ma barbe ! Et quel est donc, madame,
Ce galantin de cavalier ?
--- Ce galantin, monsieur ?.... mais, c'est mon
cordonnier.

Anonyme.

LES VOISINS.

AIR : *Du Vaudeville des trois Voisins.*

ENTRE voisins c'est la coutume,
Tous les soirs on se réunit :
On politique, on boit, on fume ,
On joue , on écoute , on médit.
Le voisin lorgne la voisine ;
A mille petits jeux malins
On rit , on triche , on se lutine :
Ah ! qu'on s'amuse entre voisins !

Jean craint que pendant son voyage
Sa femme ne meurre d'ennui ,
Comme si jamais du veuvage
Les femmes mouraient aujourd'hui.
Un jour , deux jours on se chagrine ;
Il n'est point d'éternel chagrin :
Le troisième jour la voisine
Se console avec le voisin.

Ma voisine toujours sommeille,
Près d'elle veille son voisin ;
Pour qu'il dorme et qu'elle s'éveille
Chez eux je fais porter mon vin :
J'en verse un verre à la voisine,
Mais j'en verse douze au voisin :
Mon vin réveille la voisine ,
Mon vin fait dormir le voisin.

Officieux , gens mal habiles ,
Vains, empressés et sots amis ,
Importuns qui font les utiles ,
C'est ce qu'on voit en tout pays ;
Aimez-vous cette œuvre badine ?
Pour la revoir, qu'après-demain
Chacun amène sa voisine ,
Chaque voisine son voisin.

Par le cit. PICARD.

LE MONDE D'AUJOURD'HUI.

AIR : *Ce fut par la faute du sort.*

On y voit le riche insolent ,
Oubliant d'autrui la misère ,
Narguer l'honnête - homme indigent
Qu'il servit peut-être naguère.
On prend l'orgueil pour du talent ,
Pour la vérité l'imposture ;
Enfin, j'y vois le vice en grand ,
Et les vertus en miniature.

(Ext. de la *Soirée des Champs-Elysées* , vaud.)

DÉCLARATION D'AMOUR.

Air : *De sa modeste mère.*

D'UN accueil qui m'enchante
Que je crains la douceur !
Près de beauté touchante,
L'œil dispose du cœur.
Aimer sans espérance
Est un affreux tourment :
Paisible indifférence ,
Sauve-moi d'être amant.

Mais d'un penchant si tendre
Et si bien mérité ,
Comment puis-je défendre
Ma sensibilité ?
Aimons sans espérance ,
Aimons, sachons souffrir :
Vivre d'indifférence ,
Ah ! c'est déjà mourir.

L'amour a certain charme
Qu'on ne peut définir ;
S'il répand une larme ,
La larme est un plaisir.

Un bonheur impossible
Est l'objet de mes vœux.
Mais tu me rends sensible :
T'aimer, c'est être heureux.

Par le C. DESFORGES.

ANACRÉON A LYCORIS.

Viens, Lycoris, Anacréon t'appelle ;
Viens animer et ma lyre et mes chants :
A mes desirs sois sensible ou rebelle,
Ton seul regard suffit à mes accents.

Quand sur mon front ta bouche se repose,
Le tems sourit et n'ose me vieillir :
Tu sais offrir l'image d'une rose,
Qu'Amour promet à qui peut la cueillir.

Sois mon Hébé, daignes remplir mon verre,
Tu rends plus chers les bienfaits de Bacchus :
Pour qui te voit l'olympe est sur la terre ;
Ah ! dans mes bras viens imiter Vénus.

Mais laisse-moi présager mon ivresse....
Ton seul baiser hâte trop le plaisir ;
La volupté d'une heureuse vieillesse
Est de savoir prolonger le desir.

Par la Cit. MONTENCLOS.

UNE MÈRE A SON FILS NATUREL.

Air : *Voici donc le séjour paisible.*

Objet de toute ma tendresse,
     Fruit d'une erreur,
Enfin, c'est donc toi que je presse
     Contre mon cœur.
Depuis l'instant de ta naissance,
     Je ne t'ai vu ;
Ah ! que de pleurs sur ton absence
     J'ai répandu !

Voilà bien de ton tendre père
     Les traits heureux.
Voilà la bouche de ta mère ;
     Voilà ses yeux.
Pauvre petite créature,
     Enfant de l'amour,
Au sentiment de la nature
     Tu dois le jour.

Quoi ! déjà ta main me caresse
     En souriant ;
Tu veux me peindre ton ivresse,
     En m'embrassant !

Va , nous t'aimons à la folie
    Ton père et moi :
Nos cœurs, nos vœux et notre vie,
    Tout est pour toi.

Lait pur , soutiens son existence,
    Et le nourris !
Amour, veille sur son enfance,
    Il est ton fils.
Tu m'en ravis , honneur sévère,
    Tout le pouvoir !
Mais souvent, en secret, sa mère
    Viendra le voir.

Que ce jour a pour moi de charmes !
    Quel doux transport !
J'ai pu t'arroser de mes larmes,
    Je sais ton sort.
L'heure m'appelle.... instant funeste !...
    Je m'attendris....
Las ! si je pars, mon cœur te reste :
    Adieu, mon fils.

Par le C. CONJON.

LE CHIEN ET LE JARDINIER,

ANECDOTE.

Air : *Des Pendus.*

Chez un bon maître, qu'il servait,
Un certain jardinier avait
Placé, pour faire sentinelle,
Un chien vigilant et fidèle,
Aussi méchant pour les voleurs,
Que doux pour ses chers bienfaiteurs.

Cet hypocrite jardinier,
D'un fripon faisait le métier ;
Il volait son maître, de sorte
Qu'enfin on le mit à la porte,
Au grand regret du pauvre chien,
Qui le croyait homme de bien.

Ainsi renvoyé, le fripon,
Sans profiter de la leçon,
Une nuit, pour faire capture,
Franchit les murs de la clôture,
Croyant bien n'être point trahi
Par le chien son fidèle ami.

Turc, averti par l'odorat,
Sans japper, accourt à l'ingrat,

Le lèche, et contre lui se dresse,
Lui fait caresse sur caresse,
Qui, loin de le faire rougir,
Ne font, hélas! que l'enhardir.

En peu d'instans, l'ex-jardinier
A dégarni tout l'espalier;
Par-tout il va, passe et repasse,
Sur tous les arbres fait main-basse:
Le pauvre chien, toujours suivant,
Est complice bien innocent.

Cependant, pour tout emporter,
Sur le mur il faut remonter;
Mais les fripons ont du courage:
Celui-ci s'accroche au treillage,
Lorsque le chien, sortant d'erreur,
Arrête et saisit le voleur.

Vous jugez que le garnement
Redescendit subitement;
Croyant qu'un vrai remords le presse,
Le chien, de nouveau, le caresse;
Mais chaque fois qu'il veut grimper,
A la jambe il se sent happer.

Aux cris du mordu, du mordeur,
On vient, et l'on prend le voleur;
Le chien, peu sensible à sa gloire,
Maudit, en secret, sa victoire,

Et se ressouvient , malgré lui ,
Que ce coquin fut son ami.

MORALE.

Dans un chien , vous venez de voir
L'amitié céder au devoir ;
Si vous l'avez bien su comprendre ,
Cette histoire vous fait entendre
Qu'il faut , en toute occasion ,
Faire justice d'un fripon.

Par le C. J. B. RADET.

LA TENDRESSE CONJUGALE,

ÉPIGRAMME.

AH ! s'écriait Lucinde , où vas-tu , cher époux ?
Dieux ! faut il qu'un tombeau pour jamais te recèle !
O mort ! frappe sur moi , je me livre à tes coups ,
Mais accorde ses jours à ma flamme fidelle.
La mort , toujours ardente a saisir le moment ,
Paraît le bras levé : Me voici , qui m'appelle ?
Personne ?.... Dépêchons. Est-ce vous ? ---Non ,
       vraiment ;
    C'est mon mari , répond la belle.

Anonyme.

LA JOLIE DÉBUTANTE.

C'EST demain, aimable friponne,
Qu'on jugera votre procès ;
Ne croyez pas qu'on vous pardonne
Et vos talens et vos succès.
Il vous sied bien, jeune et jolie,
Déjà sûre de tous les cœurs,
De prétendre encor aux faveurs
De Melpomène et de Thalie :
Oui, Madame, il vous convient peu
De troubler la paix des coulisses,
Et de vous faire un petit jeu
D'y désespérer nos actrices.
Déjà Bélinde, en minaudant,
Et faisant sa petite moue,
Demande à Lise, en ricanant :
Comment trouvez-vous qu'elle joue ?...
Fort mal !... N'est-ce pas ? --- Oui vraiment.
Elle a les graces de son âge :
Mais pour l'usage... Pour l'usage...
Nous en avons bien autrement.
Pour vous, calme au sein de l'orage,
Vous triomphez malignement
De causer ce *remu-ménage.*
Et vous dites en souriant :
Si je ne leur plaisais pas tant,
Je leur plairais bien davantage.

BLANCHARD (de Nantes).

L'HOMME SATISFAIT.

AIR: *De la Meunière.*

A table auprès de mes amis,
   Et de ma maîtresse,
Je fais l'amour, je bois, je ris;
Tous mes plaisirs sont réunis
   Entre ma maîtresse
   Et mes bons amis.

La volupté, les jeux, les ris,
   Me suivent sans cesse;
C'est le plaisir que je poursuis,
Et tour-à-tour je le saisis
   Entre ma-maîtresse
   Et mes bons amis.

Que l'air à nos savans soumis
   Porte avec vîtesse
Blanchard aux célestes pourpris;
Moi je trouve mon paradis
   Entre ma maîtresse
   Et mes bons amis.

De la gloire je fus épris
   Pendant ma jeunesse;
Mais les lauriers les mieux acquis
Valent-ils la rose et les lys
   Entre ma maîtresse
   Et mes bons amis?

Sans jamais craindre les ennuis,
   J'attends la vieillesse;
Tous mes devoirs sont remplis,
Si la mort me rencontre assis
   Entre ma maîtresse
   Et mes bons amis.

Anonyme.

LE VIEUX ET LE NEUF.

AIR nouveau.

VIEUX livres et vieux amis,
Ont perdu leurs avantages,
Et chez nos modernes sages,
   Rien de vieux n'est plus admis.
C'est par-tout nouveaux usages,
Chez Vénus nouveaux hommages,
Chez Plutus nouveaux visages;
   Nouveaux auteurs à Marbœuf;
Du nouveau seul on s'accommode;
   Aussi nos gens à la mode
Ont-ils tous un air bien neuf.

Par les cit. GERSAIN et L'ANNÉE.

LE

LE SOUVENIR.

Air : *Je l'ai planté, je l'ai vu naître.*

De cette rose si jolie,
Qu'en mon printems j'ose cueillir,
Tu veux que mon ame attendrie
Perde à jamais le souvenir.

S'il faut renoncer pour la vie
Au bonheur dont j'ai su jouir,
Ne me défends pas, mon amie,
D'en conserver le souvenir.

Éteindre en mon cœur la tendresse,
Hélas ! je n'y puis parvenir.
Pourquoi, quand on perd sa maîtresse,
Ne perd-on pas le souvenir ?

O toi, dont l'ame s'est glacée,
Toi, qui ne veux plus t'attendrir,
Ah ! crains de livrer ta pensée
Au charme d'un doux souvenir.

De la fugitive caresse,
Que la fleur reçoit du zéphir,
Tout disparaît ; elle ne laisse
Ni trace, ni doux souvenir.

B

Baiser reçu de ce qu'on aime,
Baiser donné par le plaisir,
S'efface et disparaît de même ;
Mais il laisse doux souvenir.

Anonyme.

LA COQUETTE

AIMANT LA PEINTURE.

Epigramme.

EN vérité vous me poussez à bout
  Par un reproche aussi sévère ;
Comment donc accuser la coquette *Glycère*
  Pour les beaux arts de n'avoir aucun goût ?
Tout le tems qu'elle emploie à peindre sa figure,
Six heures chaque jour, son adresse, ses soins
  A restaurer les traits de la nature,
    Prouvent qu'elle a du moins
    Beaucoup de goût pour la peinture.

Par le cit. LUCET.

LES HISTOIRES.

Air : *Cœurs sensibles , cœurs fidéles.*

CARESSER avec finesse,
Être distrait aux leçons,
Les interrompre sans cesse
Par des sauts ou des chansons ;
Et, par une gentillesse,
Émerveiller des parens,
C'est l'histoire des enfans. (*bis.*)

Feindre une flamme éternelle,
Exprimer le sentiment ;
Jouer près d'une cruelle
La tristesse ou l'enjouement ;
Voltiger de belle en belle,
Et prodiguer les sermens,
C'est l'histoire des amans. (*bis.*)

Avoir femme jeune et sage
Et possédant mille appas ;
Le jour, sans en prendre ombrage,
Voir des amans sur ses pas ;
La nuit, railler leur hommage,
Et les désespérer tous,
C'est l'histoire des époux. (*bis.*)

B 2

Les yeux fixés sur sa fille,
Observer ses mouvemens ;
Frémir de la voir gentille,
Envier tous ses amans ;
D'un wisk, ou bien d'un quadrille,
Faire ses amusemens ,
C'est l'histoire des mamans.　　　　(*bis.*)

Toujours frondant la jeunesse ,
Exalter le bon vieux tems ,
Prôner la délicatesse
Des mœurs de ses jeunes ans ;
Et dans un moment d'ivresse,
Vanter ses exploits gaillards,
C'est l'histoire des vieillards.　　　　(*bis.*)

Faire avec assez d'aisance
Plus d'un couplet de chanson ;
Sans y mettre d'importance ,
Le donner mauvais ou bon ;
Mépriser la médisance
Et parler d'après son cœur,
C'est l'histoire de l'auteur.　　　　(*bis.*)

Anonyme.

LA ROSE.

Air : *Du Vaudeville de l'Amour filial.*

QUAND l'haleine des doux zéphirs
Et la verdure renaissante,
Annoncent la saison charmante
Et de l'amour et des plaisirs,
Vainement mille fleurs écloses
Appelle la main des amans;
On ne croit revoir le printems,
Qu'en voyant renaître les roses.

Parmi les filles du matin,
C'est la rose qu'Amour préfère :
Vénus, aux fêtes de Cythére,
En pare sa tête ou son sein.
Sur sa corolle demi-close
Zéphir se plaît à voltiger :
Le papillon le plus léger
Se fixe en voyant une rose.

Des plus aimables dons des cieux
La rose est l'image fidelle :
Souvent même elle est le modèle
Qui nous sert à peindre les Dieux.
Lorsque l'Aurore se dispose
A sortir des bras de l'Amour,
Pour ouvrir les portes du jour,
On lui donne des doigts de rose.

B 3

Voyez dans cet humble réduit
Cette beauté simple et touchante ;
Sa bouche est la rose naissante
Que le plaisir épanouit.
Son sein où l'Amour se repose,
Efface la blancheur du lys ;
Mais qui lui donne tant de prix ?...
N'est-ce pas le bouton de rose ?

Toi, dont les charmes séducteurs
Souvent m'ont fait prendre la lyre,
Oui ; c'est ta beauté qui m'inspire
En chantant la reine des fleurs.
Hélas ! mes vers sont peu de chose !
J'aime : voilà mon seul talent ! ...
Mais, Thémire, en te regardant,
On apprend à chanter la rose.

Anonyme.

EPIGRAMME.

La fortune en vain m'est cruelle,
Criait avec orgueil un sage prétendu :
Je sais, pour m'affermir contre elle,
M'envelopper de ma vertu.
Voilà, dit un railleur, voilà ce qui s'appelle
Etre légèrement vêtu.

PITON, employé.

LES SOUHAITS,

CONTE.

L'HOMME inconstant, ivre d'un vain transport,
Toujours desire, et veut changer son sort.
Cette maxime est vraie, on peut me croire.
En doutez-vous? écoutez mon histoire,
Et n'allez pas demander mes témoins :
Elle est fort courte, et vous ennuîra moins.

Une excellente et bonne ménagère,
(La chose est rare et ne se voit plus guère)
En employant le feu, les cendres, l'eau ,
Donnait au linge un éclat tout nouveau,
Ou , pour parler d'une façon naïve,
Tout simplement coulait une lessive ;
A ses côtés, était son cher époux,
Qui de l'aider paraissait très-jaloux.
On ne saurait travailler en silence ,
Lorsqu'on est deux ; selon la médisance,
Le sexe, objet de nos tendres amours ,
Songe à se taire.... au déclin de ses jours.
La dame Alix, dans sa buanderie,
Discourait donc. Soudain elle s'écrie :
« Pour posséder un précieux trésor,
» Que n'avons-nous, rempli de pièces d'or,
» Ce grand cuvier qui contient nos guenilles !

B 4

» Dans l'abondance on verrait nos familles. »
Lors le mari, prenant un lourd bâton,
Et d'un brutal la manière et le ton,
Sur sa compagne avec fureur se jette :
« Dans tes souhaits tu crains d'être indiscrette !
(Lui cria-t-il en redoublant ses coups)
» C'est mériter mon trop juste courroux.
» Que nous feraient de l'or et des espèces ?
» Le bonheur veut le comble des richesses.
» Demande donc aux Dieux, dans ces momens,
» Ce cuvier plein de riches diamans.
» Borner les dons de leur munificence,
» C'est mettre un frein à leur vaste puissance. »
Alix réplique, en essuyant ses pleurs :
« Ah ! si le ciel redouble ses faveurs,
» Change en trésors les maux de l'infortune,
» Plus notre voix pourrait être importune ;
» Suis cet exemple, et nous sommes heureux.
» Lorsque mon œil languissant, amoureux,
» Des doux transports sollicite l'ivresse,
» J'obtiens à peine une seule caresse,
» Et mon amour en demande au moins deux. »

Par le C. P. J. B. NOUGARET.

RARE EXEMPLE DE FIDÉLITÉ.

Air nouveau.

Vos yeux m'ont dit en leur charmant langage ,
Que, sans dessein , j'avais su vous charmer ;
Et votre bouche , à ce doux témoignage ,
Joint aujourd'hui le serment de m'aimer.
A cet aveu d'un objet plein de charmes ,
J'éprouve ensemble et plaisir et douleur . . . .
Qu'avec transport je vous rendrais les armes ,
Si l'on n'eût pas disposé de mon cœur !

Quand chaque jour vous dédaignez l'hommage
De mille amans qui valent mieux que moi ,
Je sens trop bien qu'obtenant l'avantage ,
On doit me voir soumis à votre loi ; . . .
Mais songez donc, songez qu'une autre belle
Compte, en m'aimant, sur un cœur délicat ;
Il vous faudrait punir un infidèle ;
Daignez plutôt oublier un ingrat.

Si de ma voix l'accent doux et flexible
D'un feu secret a pénétré vos sens ,
Si votre cœur, jusqu'alors si sensible ,
S'est trop épris de mes faibles talens ; . . .
C'est un malheur ! J'en veux à la nature
D'avoir tant fait pour ma félicité ;

B 5

Et tous ses dons ne sont plus qu'une injure,
S'il faut par eux affliger la beauté.

Mais vous pleurez!.,.... Au nom de tous vos
          charmes,
De deux amans respectez le bonheur....
J'apprends de vous à ménager les larmes
Du digne objet qui maîtrise mon cœur.
Jugez au moins, jugez d'après vous-même,
De quel chagrin je paîrois son amour!...
Si c'est un mal d'offenser qui nous aime,
C'est pis encor, quand on l'aime à son tour.

Par le COUSIN JACQUES.

L'AUTEUR PAUVRE.

CONTE.

Un auteur de théâtre, expert, mais indigent,
  (Cela n'est pas une merveille)
Allait un jour, faute d'argent,
Vendre les œuvres de Corneille.
  Un ami qui le voit inquiet et rêveur :
Quel chagrin, lui dit-il, me fais-tu donc paraître?
On en aurait à moins, lui répond notre auteur :
Je ressemble à Judas : Je vais vendre mon maître.

Anonyme.

LE MOT PÉNIBLE,

ROMANCE.

J'ÉTAIS heureux à ce tems d'innocence
Où de l'amour on ne craint pas les feux.
Je vous regrette, ô jours de mon enfance,
        J'étais heureux !

J'étais heureux à ce tems de féeries
Où l'on ne fait que songes amoureux.
Reviendrez-vous, ô douces rêveries ?
        J'étais heureux !

J'étais heureux à ce tems d'espérance
Où ma Zulmé souriait à mes vœux.
Simples desirs déjà sont jouissance.
        J'étais heureux !

J'étais heureux à ce tems de délire,
Toujours charmant, quoique bien orageux,
Où, tant aimé, je n'avais pas à dire,
        J'étais heureux !

Pour être heureux, ami de la constance,
Fuis de Zulmé les regards dangereux,
Ou tu diras bientôt en assurance :
        J'étais heureux !

Par le C. BOUCHER.

B 6

JAMAIS ET POURTANT.

Conversation avec madame Gertrude.

Air : *Avec les jeux, etc.*

Dites-moi, madame Gertrude,
Fûtes-vous belle en votre tems ?
--- *Jamais*, me répondit la prude ;
La beauté perd les jeunes gens.
Pourtant j'avais la peau tendue,
Mon œil n'était pas éraillé :
Même on prétend que l'on m'a vue
Ayant l'air assez éveillé.

Dites-moi, madame Gertrude,
Eûtes-vous jadis quelqu'amant ?
--- *Jamais*, me répondit la prude,
Aimer est un crime trop grand.
Pourtant on n'était pas de glace :
Lindor a voulu m'en conter ;
Lindor avait beaucoup de grace,
J'eus peine à ne pas l'écouter.

Dites-moi, madame Gertrude,
N'a-t-il jamais su vous toucher ?
--- *Jamais*, me répondit la prude,
J'appréhendais trop de pécher.

Pourtant, m'ayant, un jour de fête,
Demandé par grace un baiser,
Séduite par son air honnête,
Je ne sus pas le refuser.

Dites-moi, madame Gertrude,
Ne succombâtes-vous jamais ?
— *Jamais*, me répondit la prude,
Dieu sait la peur que j'en avais.
Pourtant, certain soir de carême,
Je l'appellai pour le prêcher ;
Mais il prêcha si bien lui-même,
Qu'il me fit, je crois, trébucher.

Dites-moi, madame Gertrude,
Avez-vous trébuché souvent ?
— *Jamais*, me répondit la prude,
Sinon dans ce fatal moment ;
Pourtant, au bout de la journée,
Quand j'allais au bois travailler,
J'étais souvent toute étonnée
Dans ses bras de me réveiller.

Dites-moi, madame Gertrude,
Trébucheriez-vous bien encor ?
— *Jamais*, me répondit la prude,
J'aimerais cent fois mieux la mort ;
Pourtant, à quelque complaisance
S'il fallait pour vous consentir,

Je tâcherais, avec décence,
De contenter votre desir.

Dites-moi, madame Gertrude,
Du ciel est-ce là le chemin ?
--- *Jamais*, me répondit la prude,
Je n'en connus de plus certain.
--- Ah! votre bonté me pénètre,
Répondis-je à ce propos-là ;
Pourtant, si vous daignez permettre,
Je me sauverai sans cela.

Anonyme.

SOURCE DES NOUVELLES RICHESSES.

Si l'on remontait à la source
Des biens nouvellement acquis,
On retrouverait à la bourse
Ceux-là qui la coupaient jadis.
(Ext. du Vaud. *les Paroles et la Musique.*)

PORTRAIT DES MARIS.

Air : *Des Trembleurs.*

Un amant léger, frivole,
D'une jeune enfant raffole ;
Doux regard, belle parole,
Le font choisir pour époux.
Soumis, quand l'hymen s'apprête,
Tendre le jour de la fête ;
Le lendemain, il tient tête,
Il faut déjà filer doux.

Sitôt que du mariage
Le lien sacré l'engage,
Plus de vœux, pas un hommage ;
Plaisirs, talens, tout s'enfuit :
En vertu de l'hymenée,
Il vous gronde à la journée,
Bâille toute la soirée,
Et Dieu sait s'il dort la nuit.

Sa contenance engourdie,
Quelque grave fantaisie,
Son humeur, sa jalousie,
Oui, c'est là tout votre bien.
Et pour avoir l'avantage
De rester dans l'esclavage,
Il faut garder au volage
Un cœur dont il ne fait rien.

Anonyme.

L'AMANTE MALHEUREUSE.

ROMANCE,

Sur un Air à faire.

LORSQUE tout me rappelle
Un malheureux amour,
Printems, que me fait ton retour?
La saison la plus belle
Ne m'offre plus un seul beau jour :
Daphnis est infidèle.

Je verrai ce boccage
Autrefois si charmant,
Je le verrai, pour mon tourment,
Se couvrir de feuillage :
Hélas! quand on n'a plus d'amant,
A quoi sert son ombrage?

Puis-je vous voir éclore,
O fleurs, avec plaisir?
Le volage ira vous cueillir
Pour celle qu'il adore ....
Mais s'il allait se repentir!...
Ne naissez point encore.

Heureuse tourterelle,
Toi qui me plaisais tant,
Ne m'offre plus d'amour constant

L'image trop cruelle :
Le parjure emporte, en fuyant,
La moitié du modèle.

Brûlant d'ardeurs nouvelles,
Dans les bois d'alentour,
Je vois rendus à leur amour
Mille oiseaux infidèles. . . .
Qu'il imite au moins leur retour,
Puisqu'il a pris leurs aîles !

Anonyme.

LES ADIEUX D'APRÈS LA MODE.

AIR : *Femmes qui voulez éprouver.*

Je ne dois plus rien espérer,
J'ai perdu ton cœur, ma Sylvie ;
Il faut enfin nous séparer,
Ce n'est plus l'amour qui nous lie.
Ne crains pas que de désespoir
J'aille au fond d'une île déserte :
Cloris m'attend dans son boudoir
Pour me consoler de ta perte.

Anonyme.

LE JE NE SAIS QUOI.

Air: *Du Vaudeville de l'Embarras du Choix.*

La Divinité de Cythère,
Ayant usé, depuis long-tems,
Tous les moyens connus de plaire,
Esprit, attraits, graces, talens,
Voulut augmenter son empire;
Et pour mieux nous faire la loi,
Un jour tienêtre, d'un sourire,   (*bis.*
L'agréable *Je ne sai quoi.*   (*bis.*

Ce berger, fameux dans la fable,
Comme juge de la beauté,
Trouva Minerve respectable,
Et Junon pleine de fierté;
Mais si Vénus, des immortelles
Triompha; savez-vous pourquoi?
C'est que Vénus avait, plus qu'elles,   (*bis.*
Un séduisant *Je ne sais quoi.*   (*bis.*

Vous, que par un hasard aimable,
Le sort vient offrir à mes yeux;
Qui, de la sagesse intraitable,
Evitez les tons ennuyeux;
Par grace, au moins, daignez m'apprendre
Le secret du *Je ne sais quoi.*
Alors, si vous voulez m'entendre,   (*bis.*
Je vous dirai.... *Je sais bien quoi.*   (*bis.*

R. C.

PAULINE.

Air : *Du Petit Matelot.*

JOLI maintien, taille divine,
Bouche où folâtrent les amours,
Sont les attraits que ma Pauline
A mes yeux offre chaque jour :
Elle a la candeur de l'enfance,
C'est l'aurore du plus beau jour,
C'est la beauté, c'est l'innocence
Qui s'unissent avec l'amour.

Si quelquefois, dans mon ivresse,
J'ose lui parler de plaisir,
Contre son sein elle me presse,
Et me répond par un soupir.
Le lin modeste, qui la couvre,
S'enfle et s'agite à tous momens.
C'est une rose qui s'entrouvre
Aux premiers rayons du printems.

Vas, ne crois pas que la tendresse
Bannisse une aimable pudeur ;
L'amour et la délicatesse
Ont donné le jour au bonheur.
Les yeux sont le miroir de l'ame ;
Laisse-moi lire dans les tiens
L'aveu sincère de la flamme
Que tu vois briller dans les miens.

Anonyme.

L'AMANTE ANONYME.

Air : *Te bien aimer, etc.*

DE qui me vient cette lettre jolie,
Qui porte, hélas! le trouble dans mon cœur?..
Je veux, en vain, la croire une folie,
Amour me dit: Ingrat!... c'est ton bonheur...

Mais je m'égare... et trompé par moi-même,
Pour le bonheur je prends un faible espoir;
Ah! s'il est doux de voir l'objet qu'on aime,
Il est cruel de l'aimer sans le voir.

A mes regards daignez au moins paraître,
Vous qui fixez mes desirs et mes vœux :
Si votre lettre à l'amour me fait naître,
Quel sera donc le pouvoir de vos yeux?...

Anonyme.

A UNE BELLE VOILÉE.

METTRE un voile jaloux sur un joli visage!
Par son ombre en masquer le gracieux contour!
Y penses-tu, Doris? Ah! n'en fais plus usage :
Vénus n'empruntait pas le bandeau de l'Amour.

LEGRAND..

L'AMITIÉ.

Air : *Femmes, voulez-vous éprouver.*

ZÉLIS, alors qu'on s'aime bien ,
Le bonheur est de se le dire ;
Unis par le même lien ,
On jouit du même délire.
Le silence pour un ami
Ne peut jamais être une excuse ;
Car l'amitié fait son *profit*
Des plaisirs dont l'amour abuse.

Je te dois encore un aveu ,
Et tu l'accueilleras sans doute ;
L'amour , que l'on dit être un dieu ,
A des fureurs que je redoute ;
Mais l'amitié fait dans nos cœurs
Passer un sentiment si tendre ,
Que même eût-elle des rigueurs ,
Je ne voudrais pas m'en défendre.

Zélis , je te l'ai dit cent fois ,
Et j'aime encore à te le dire ,
Je suis heureux lorsque je vois
La douce amitié me sourire ;
Sans elle il n'est pas de beaux jours :
Elle double notre existence ,
Et laisse aux volages amours
Tous les chagrins de l'inconstance.

Anonyme.

LA TENDRESSE MATERNELLE.

JAMAIS les fils les plus reconnaissans
N'acquitteront les soins tendres et vigilans
Qu'une mère prodigue à leur débile enfance.
　　Développer leur existence,
　　Faire éclorre leurs sentimens,
　　Et de leur cœur régler les mouvemens :
　　　Voilà sa douce jouissance,
　　　Voilà ses chers amusemens.
　　Ah ! dans ses deux sources de vie,
　　Si par fois tarit l'ambroisie,
　　Jamais son amour ne tarit.
　Dans des momens remplis par la tristesse,
　　Une mère en secret gémit ;
Pour faire dans son cœur renaître l'allégresse,
De son fils qui l'embrasse un sourire suffit.
　　　Que le destin perfide
　　Offre à ses yeux un péril effrayant,
　　　Voyez l'audace qui la guide ;
　　　Telle qu'un lion intrépide,
Elle brave la mort pour sauver son enfant.
　D'une tendresse et si vive et si belle,
　　Citons un exemple récent.

　　Lise, des mères le modèle,
Revient avec son fils de ce pays brûlant,
　Où germe l'or pour le malheur du monde.
　Le vaisseau part, et le vent le seconde.

On a presque franchi l'immensité des mers :
　　Déjà, sans crainte du naufrage,
　　Chacun croît toucher au rivage,
Loin de prévoir qu'il touche au plus triste revers.
　Soudain l'air siffle et le tonnerre gronde,
Les vents sont déchaînés, l'éclair sillonne l'onde :
　　De toute part règne l'horreur.
　　Au milieu d'une nuit profonde,
Le vaisseau roule au gré des vagues en fureur ;
　Tout va périr. En ce danger extrême,
　　Lise s'oubliant elle même,
　　Ne craint que pour ce tendre fils.
　　C'en est fait ; le vaisseau se brise :
Oh que d'infortunés dans l'onde ensevelis !
　　Damon, brûlant de sauver Lise,
La saisit d'une main avec ce fils chéri,
Qui presse de ses bras le sein qui l'a nourri,
Et voit tranquillement ce désordre terrible.
Du bienfaisant Damon le courage invincible
　　Triomphe encor de l'humide élément.
Lise, que du trépas les horreurs environnent,
Conservant son grand cœur, s'écrie en soupirant :
O généreux ami ! les forces t'abandonnent ;
Ne périssons pas tous. Ah ! sauve mon enfant ;
　　Sans regret je perds la vie.
　　L'infortunée, à ces mots,
　　Se dégage, et sous les flots
　　Disparaît ensevelie.

Par le C. DAYDÉ.

LA MORALE AGRÉABLE.

Air : *Des Trembleure.*

Je crains un pédant farouche,
Au regard sinistre et louche,
Qui, la menace à la bouche,
N'inspire que la terreur :
Qu'il vous guide, ou vous redresse,
Il vous fait avec rudesse,
Un crime d'une faiblesse ;
L'orgueil seul parle en son cœur.

Mais, dans ses vers, quand Horace
A la raison donne place,
De quelle touchante grace
Ne sait-il pas l'embellir !
A ses conseils on se livre,
De ses doux sons l'on s'enivre :
La sagesse, dans son livre,
Paraît être le plaisir.

Il veut qu'on boive et qu'on aime ;
Il boit, il aime lui-même ;
Mais qu'on boive ou que l'on aime,
En tout l'excès lui fait peur :
L'ame toujours modérée,
L'amitié toujours sacrée,

Mainte e

Mainte maîtresse adorée,
Pour lui voilà le bonheur.

Pour instruire, il faut qu'on prenne
La douceur de La Fontaine ;
L'esprit s'éclaire sans peine,
Dès que le cœur est touché :
Oui, toute morale est dite,
Dans mainte fable qu'on cite,
Sur-tout quand des mains du Scythe
Le fer courbe est arraché.

Un censeur, que rien n'attache,
Sitôt qu'il voit une tache,
Vîte à l'aggrandir s'attache ;
Il vaudrait mieux la laver :
Moraliste trop sévère,
Au lieu de gronder ton frère,
Si tu le trouves par terre,
Tâche de le relever.

Tous les hommes sont peccables :
Même de fautes aimables,
S'ils n'étaient par fois coupables,
Ils vivraient en vrais reclus.
Le méchant, seul redoutable,
Est aussi seul haïssable ;
Mais, assis à votre table,
Mes amis, je n'y crois plus.

Par le C. BOURGUEIL.

C

LA PARODIE.

Air : *Lui , craindre d'un petit-maître.*

Un censeur pédant m'attriste ;
Mais j'aime le joyeux parodiste ,
Dont la muse ,
Qui s'amuse ,
En chansons ,
Nous donne des leçons.

Au talent le plus fertile ,
Son malin aiguillon est utile :
D'une verve
Qui s'énerve ,
Par ses jeux ,
Il ranime les feux.

Souvent sa grotesque allure ,
En riant , nous guérit de l'enflure :
La nature ,
Simple et pure ,
A sa voix ,
Sur nous reprend ses droits.

Ne craignez point son atteinte ,
Jamais de fiel sa plume n'est teinte ;

Ceux que pique
Sa critique ,
L'ont tous mis ,
Au rang de leurs amis.

Rassurez-vous , Melpomène !
I sait respecter votre domaine :
A vos charmes ,
A vos larmes ,
Par ses ris ,
Il donne un nouveau prix.

De ses mains , lorsque Thalie ,
Prenant le masque de la Folie ,
Vous épie ,
Vous copie ,
Sans regrets ,
Souriez à ses traits !

C'est la plus douce des guerres ,
Les muses ne s'en allarment guères.
Le mérite
Seul l'excite :
Othello
Fit naître *Cruello.*

Des talens , et du théâtre ,
En tout tems le public idolâtre ,
Juge austère ,
Au parterre ,

Rit d'*Agnès*,
Et pleure avec *Inès*.

Une froide tragédie
Jamais ne craignit la parodie ;
Elle tombe
Dans la tombe ;
Ce qui plaît
Prête seul au couplet.

Par le C. SÉGUR l'aîné.

LA FORCE DE L'HABITUDE.

ÉPIGRAMME.

SEIGNEUR Jasmin, partisan devenu,
Crut qu'il était un fameux personnage ;
Et, calculant son ample revenu,
Se résolut de prendre un équipage ;
Impatient, il en fait tous les frais ;
Belle maison, chevaux, laquais ;
Carosse prêt à briller par la ville,
Tous ses flateurs à l'entour regardans,
Ivre d'honneurs, Jasmin, d'un pas agile,
Sauta derrière, au lieu d'entrer dedans.

Anonyme.

L'ORIGINE DE LA PARODIE.

Air : *Des Pierrots.*

Dans un moment, par trop fertile,
Cent auteurs de Pradon rivaux,
Aux héros grecs prêtant leur style,
Changeant leurs lauriers en pavots,
La scène semblait engourdie :
Momus, alors épouvanté,
Conçut la folle Parodie,
Avec art et malignité.

Lors, on vit le sombre tragique
En burlesque se déguiser ;
Même Inès devenir comique,
Et dans Chaillot nous amuser.
Si l'auteur d'une tragédie,
Y voyant pleurer, souriait,
En écoutant sa parodie,
S'il entendait rire, il pleurait.

Plus d'une fois la Parodie
Vengea le goût avec gaîté.
A Melpomène, la Folie
Dit, en riant, la vérité ;
Mais c'est en vain, qu'avec justesse,
Par elle un auteur est jugé ;

Il en est plus d'un qu'elle blesse,
Et pas un qu'elle ait corrigé.

Si ce genre n'est pas utile,
Au moins peut-il nous divertir ;
Les ennemis du Vaudeville,
Vainement voudraient le bannir :
Toujours (grace à la bonhommie)
L'un de l'autre on se moquera ;
Mes amis, toujours dans la vie,
Gaîment, tout se parodîra.

Par le C. J. A SÉGUR.

LA COUVERTURE.

Air : *Femmes, voulez-vous éprouver.*

SELON le profond Richelet,
Selon Sénèque le tragique,
La couverture est un sujet,
Qui n'est ni plaisant, ni lyrique.
Aussi dans mes couplets divers,
Il m'a fallu, je vous assure,
Mettre le bon sens à l'envers,
Pour mettre en vers, la couverture.

La couverture cependant,
Ne saurait être indifférente ;
Et les services qu'elle rend,
Sont assez grands pour qu'on la chante.
Plus d'un poëte, dans Paris,
Qui rime couché sur la dure,

Doit la chaleur de ses écrits,
A celle de sa couverture.

Contre les tourmens de l'ennui,
Si l'on desire une recette,
Il faut, des romans d'aujourd'hui,
S'empresser de faire l'emplette.
D'abord on peut être affligé,
Quand du livre on a fait lecture ;
Mais on est bien dédommagé,
Par l'estampe et la couverture.

C'est en vain que de froids censeurs,
Du sexe blâment la toilette ;
En charmant les yeux et les cœurs,
Il achève notre défaite.
Par son costume, il est déjà,
Si près de la simple nature,
Que bientôt il se montrera,
Tel qu'il est sous la couverture.

Enfin dans le palais des grands,
Dans l'asyle de la misère,
Pour braver la rigueur du tems,
La couverture est nécessaire.
Nous devons ce bien précieux
Au grand maître de la nature ;
Car sans la calotte des cieux,
Nous dormirions sans couverture.

Par le cit. ANTIGNAC.

C 4

LE COPISTE DE CHANSONS.

Stances adressées à Thémire.

Vous voulez vous servir de moi,
C'est trop d'honneur que vous me faites ;
Mais c'est avoir un mince emploi
Que d'être écrivain d'ariettes :
Je rougis de mes fonctions,
Vous devinez pourquoi, *Thémire* ?
Eh ! n'ai-je rien à vous écrire
Autre chose que des chansons !

Encor si parmi les couplets
Que, par votre ordre, je copie,
Un seul, au gré de mes souhaits,
Exprimait l'amour qui me lie ;
Par une heureuse allusion,
Je peindrais ma tendresse extrême,
Et j'oserais dire que j'aime,
A la faveur d'une chanson.

Si le Dieu qui commande à tous,
Riant de ma flamme discrette
Un jour, *Thémire*, à vos genoux
Me force d'avouer la dette ;
Des premières impressions
Songez alors à vous défendre,
Et pour le coup n'allez pas prendre
Mon tendre aveu pour des chansons.

Par le cit. HIPPURIS.

L'INTÉRESSANTE VEUVE.

Air : *On compterait les diamans, etc.*

DEUX enfans vous doivent le jour,
Ils ont nommé Vénus leur mère ;
L'un est l'Hymen, l'autre l'Amour ;
Tous deux ont eu leur caractère :
Si le premier vous fit souffrir
Une jeunesse insupportable,
L'autre, à vos pieds, vient vous offrir
Les attraits d'un âge agréable.

L'amour n'était encor qu'enfant,
Qu'il mettait ses soins à vous plaire ;
Mais il fut piqué du penchant
Que vous marquâtes pour son frère.
Rappellez donc un déserteur
Que l'Hymen a fait disparaître,
Replacez-le dans votre cœur,
Et je reconnaîtrai mon maître.

De tout faites un examen,
A l'Amour vous rendrez justice :
Des fredaines du frère Hymen
Voulez-vous que l'Amour pâtisse ?
Que dis-je ! un instant de courroux
Vous a fait fuir cet infidèle !

L'Amour embrasse vos genoux ,
Votre cœur ému le rappelle.

Le tems qu'il passa loin de vous
Lui fut un siècle de misère.
Mais pour le rendre un peu plus doux ,
Il pensait toujours à sa mère.
Sans murmurer de son destin ,
Il partit avec l'Espérance ;
Il fut heureux dans son chemin ,
Il ramène aussi la Constance.

Anonyme.

A ÉMILIE,

En lui envoyant les portraits d'Abeilard
et d'Héloïse.

Vous connaissez leurs célèbres amours ;
Abeilard était tendre , Héloïse fidelle ;
Comme lui , j'aimerai toujours ,
Si vous voulez toujours aimer comme elle.
Tous ses transports, les feux dont il brûla ,
Et qu'il peignit en si brillant langage ,
Pour vous je ressens tout cela ,
Et je puis faire davantage.

Anonyme.

AUJOURD'HUI ET DEMAIN.

Air : *De la soirée orageuse.*

ON prétend qu'Aujourd'hui, Demain
De tous les tems ont été frères.
Tous deux ils sont fils du Destin ;
Mais, s'ils ne se ressemblent guères,
C'est que deux mères à l'envi
Leur firent don de l'existence :
La Jouissance eut Aujourd'hui,
Demain naquit de l'Espérance.

Aujourd'hui donna ; mais Demain
Promit sans rien donner d'avance.
Aujourd'hui fut choisi soudain
Par l'Amour et l'Impatience.
Riches aussi l'aimèrent mieux ;
Il fut préféré des coquettes,
Et Demain ne resta qu'à ceux
Qu'on forçait à payer leurs dettes.

On ne sait pas précisément
Quel jour le Bonheur voulut prendre.
Aujourd'hui l'eut très-rarement,
Demain s'ennuya de l'attendre.
Mais c'est Aujourd'hui qu'il choisit
Pour combler de biens la Sottise ;
Les Talens, les Vertus, l'Esprit.....
C'est Demain qu'il les favorise.

Par le cit. JOSEPH PAIN.

C 6

LE BONHEUR DES ÉPOUX.

Air : *De la piété filiale.*

Sous les auspices les plus doux
L'Hymen unit vos destinées ;
Et vous verrez s'écouler vos années
Dans les plaisirs des plus heureux époux.
De la piété filiale
Vous avez goûté la douceur ;
Vous trouverez la source du bonheur
Dans la tendresse conjugale.　　　　*Bis.*

Vous avez des plus tendres cœurs
Les qualités les plus aimables ;
Ne craignez pas des liens trop durables :
Pour des amans, ce sont des nœuds de fleurs.
De la piété filiale
Vous fûtes un charmant tableau.
Vous deviendrez l'exemple le plus beau
De la tendresse conjugale.　　　　*Bis.*

Sur-tout au milieu des douceurs
Que procure un heureux ménage,
N'oubliez pas le plus doux avantage,
Celui d'avoir de jeunes successeurs.
De la piété filiale,
Pour apprécier le devoir,
Sans hésiter, livrez-vous dès le soir
A la tendresse conjugale.　　　　*Bis.*

Anonyme.

LE BONHEUR DES AMANS.

Air : *Jeunes amans, cueillez des fleurs.*

O vous qui bravez les dangers
Pour arriver à la fortune,
Et qui de ses biens passagers
Cherchez la faveur importune ;
Plus sage que vous, en ce jour,
Du bonheur je goûte l'ivresse :
Je n'ai de biens que mon amour,
Et de trésors que ma maîtresse.   (*bis.*)

Allez au milieu des hasards,
Courageux enfans de Bellone ;
Obtenez enfin que de Mars
Le laurier sanglant vous couronne :
Ces beaux lauriers qui vous sont dus,
Ne seraient chers à ma tendresse,
Qu'unis aux myrtes de Vénus,
Et présentés par ma maîtresse.   (*bis.*)

Auteurs, occupés par vos vers
Les cent voix de la Renommée :
Sur eux tous les yeux sont ouverts,
Contre eux la critique est armée.
Je ne cherche pas un renom
Qu'accompagne tant de tristesse ;
Je ne veux entendre mon nom
Prononcé que par ma maîtresse.   (*bis.*)

Anonyme.

LE PRINTEMS.

Air : *Mais je ne veux pas me presser.*

Au sein fécond de la nature,
L'Amour a porté sa chaleur,
Et de sa flamme vive et pure
Tout sent se ranimer l'ardeur.
Bientôt, sous le naissant feuillage,
Le rossignol va, chaque jour,
Par son mélodieux ramage,
Célébrer l'objet qui l'engage,
Et les doux plaisirs de l'amour.

L'herbe croît ; bientôt vont éclore,
Pour orner nos prés, mille fleurs :
Tout renaît ; viens, sensible *Aglaure*,
Du printems goûtons les douceurs !
Viens ; d'une ardeur toujours nouvelle,
Si le tourtereau, nuit et jour,
Offre l'exemple et le modèle,
Ton amant, à l'oiseau fidèle,
Veut disputer le prix d'amour.

Mais si dans nos bois en cachette,
Quelque jeune et gentil berger
Voulait parer ta collerette
Des simples fleurs de son verger,

Rejette un hommage éphémère ;
Songe qu'il n'est pas un seul jour
Où l'amant que ton cœur préfère
Néglige d'aller à Cythère
Te cueillir le myrte d'amour.

Anonyme.

DIALOGUE CHAMPÉTRE,

IMITÉ DE L'ANGLAIS.

LEWIN, ALICE.

LEWIN.

VIENS, chère *Alice.* Au nom de tes quinze ans,
Ne t'enfuis pas. Es-tu donc si pressée ?
Attends du moins, pour traverser les champs,
Qu'ils ne soient plus humides de rosée.

ALICE.

Non, séducteur. Je veux m'enfuir ;
J'ai vu courir le Faon timide ;
Pareille au Faon, je vais courir
Sans toucher la verdure humide.

LEWIN.

Asseyons-nous sous ce joli bosquet,
Tendu de mousse, embaumé de mélisse.
O ! que de fois on y jase en secret !
Qu'il serait doux d'y jaser près d'*Alice !*

ALICE.

« C'est grand méfait, au renouveau,
Dit la chanson de la veillée,
» Que Bergerette et Pastoureau
» S'entretiennent sous la feuillée. »

LEWIN.

Ferme l'oreille à ces tristes chansons;
Consulte mieux et ton cœur et ton âge.
Viens écouter les aimables leçons
Que les oiseaux mêlent à leur ramage.

ALICE.

Je les entends, mon bel ami,
Sur tous les arbres du bocage;
Je les entends dire à l'envi :
» Bergère, rester n'est pas sage. »

LEWIN.

Non ; non, crois-moi . Ton esprit est déçu.
Ils vont disant : « Restes avec confiance.
» On peut d'ici tout voir sans être vu :
» Ici l'Amour brave la Médisance. »

ALICE.

Voilà tous mes atours froissés.
Laisse-moi, Berger téméraire.
Lewin, si vous ne finissez,
J'irai me plaindre à votre mère.

L E W I N.

Asseyons-nous au pied de cet ormeau,
De cet ormeau qu'un jeune lierre embrasse.
L'arbre a souffert l'amour de l'arbrisseau,
Et maintenant il en a plus de grace.

Sois douce à son exemple : unissons-nous comme
      eux.
Mêlons nos ris, nos chants, tout, jusqu'à nos
      haleines.
Regarde au fond des eaux, dans les airs, dans les
      plaines,
Tous les enfans du Ciel assemblés deux à deux.

    Des amoureuses tourterelles
    S'entrebaiser est tout l'emploi ;
    Et les sauvages hirondelles,
    Qui s'effarouchent comme toi,
    Cessent bientôt d'être cruelles.

A L I C E.

    Les oiseaux deviennent époux
    Aussitôt qu'il leur plaît de l'être ;
    Il n'en va pas ainsi de nous,
    Et nous avons besoin du Prêtre.

L E W I N.

Il est si loin ! le bocage est si près !

A L I C E.

Tu m'obtiendras à l'Autel, ou jamais.

LEWIN.

Qu'importe un *Oui*, pourvu qu'on soit aimée?

ALICE.

Je veux garder ma bonne renommée;
  Et toi, méchant, tu souffrirais
  Que ton *Alice* méprisée,
  A ses compagnes désormais
  Servit de fable et de risée?

LEWIN.

Peux-tu me croire un semblable dessein?
Foi d'amoureux, qui n'est pas un volage,
Foi de Berger, je mettrai dès demain,
A notre amour le sceau du mariage.

ALICE.

  Que n'allons-nous, dès ce matin,
  Puisque tous deux c'est notre envie,
  Nous tenant ainsi par la main,
  Dire au Prêtre qu'il nous marie?

LEWIN.

Ah! j'y consens. Je mets sous ton pouvoir
Ma main, mon cœur, tout mon humble héritage.
Adieu, bosquet. Nous reviendrons te voir,
Moi, plus ardent; *Alice* moins sauvage.

Par le cit. LABAUME.

IMITATION

D'UN DES CHŒURS DE L'ALCÉE, D'ANTOINE ONGARO.

FUYEZ, Eglé, dans l'âge heureux de plaire,
L'éclat trompeur d'une austère vertu ;
Pour votre honneur c'est assez combattu :
De vos seize ans qu'en voulez-vous donc faire ?
A votre amant montrez-vous moins sévère,
Et de l'Amour reconnaissez les loix ;
Rien n'est si doux que le son de sa voix :
Jamais ses traits, quoiqu'en dise l'envie,
N'ont fait de mal, et par lui notre vie
De mille biens est toujours embellie :
L'Amour peut seul adoucir tous nos maux ;
Plaisirs, bonheur, délicieux repos,
Tendre abandon plus doux que l'innocence,
Sont un présent de sa toute-puissance.
Mais pour ce dieu si sont faits les beaux jours,
Telle est, Eglé, la loi de la nature ;
Il est un terme au règne des Amours,
Le jour finit par une nuit obscure,
Et les printems ne durent pas toujours.
Jouissez donc des charmes du bel âge ;
Rendez heureux l'amant qui vous chérit ;
Fêtez l'Amour tandis qu'il vous sourit :

C'est un enfant aimable, mais volage,
Par vos dédains craignez de l'offenser;
Peut être un jour, à ses loix moins rebelle,
Brûlant alors d'une flamme nouvelle,
A ses autels vous courrez l'encenser,
Et vous voudrez aussi le carresser;
Mais des bienfaits que dans votre jeunesse,
Avec fierté, repoussa votre cœur,
En vain, alors, implorant la faveur,
Et de ce dieu n'éprouvant que rigueur,
Dans les transports d'une tardive ivresse,
Vous pleurerez tant de beaux jours perdus,
Sans que vos pleurs, Eglé, soient entendus.
De la beauté bien courte e t la durée;
Un seul hiver suffit pour la flétrir;
Cet incarnat dont vous êtes parée
Naquit un jour, un jour il doit périr.
Eglé, croyez qu'il n'est plus d'immortelles;
Le tems jaloux brise tout et s'enfuit;
Rien ne résiste au pouvoir de ses aîles;
Les plus hauts lys, les roses les plus belles
N'émoussent point la faulx qui les détruit,
Et le néant les précède et les suit.

Par le cit. BLANC.

LEÇON DE BOTANIQUE.

Air : *Amant joyeux, franc militaire, etc.*

DES plaintes l'aimable langage
Ne fait-il pas rêver ton cœur ?
Elise, à quoi sert d'être sage
Si c'est aux dépens du bonheur ?
La nature se renouvelle ;
Tout annonce qu'il faut aimer :
On n'est pas digne d'être belle,
Quand on ne l'est que pour charmer.

Dans chaque fleur vois un ménage,
Où l'époux est un tendre amant :
De la maîtresse qui l'engage
Rien n'altère le sentiment.
Souvent le même toît rassemble
Un nombre choisi d'amoureux ;
Mais l'Amour qui les loge ensemble,
Sait, tour-à-tour, les rendre heureux.

Mainte épouse, sensible et belle,
Logeant aussi sous même toît,
Ne craint jamais qu'un infidèle
Ose la frustrer de son droit.

Dans une égalité parfaite
Chacun obtient mêmes faveurs :
Là, point d'aînée ou de cadette,
Du même jour elles sont sœurs.

Ici l'amoureuse *étamine*,
De son *pistil* un peu trop loin,
Avec complaisance s'incline
Pour satisfaire un doux besoin.
Tous deux, au gré de leur envie,
Confondent de brûlans baisers,
Dont la chaleur porte la vie
Dans les *ovaires* nourriciers.

Vois-tu sur ce ruisseau limpide
Voguer un *Pollen* amoureux ?
C'est un amant que l'amour guide
Vers le tendre objet de ses vœux.
En dépit du trajet immense,
Le zéphir les a réunis :
Elise, il n'est point de distance
Pour les cœurs tendrement amis.

La fleur de l'*Epine-vinette*
T'ouvre son boudoir enchanté.
Sous l'épingle qui l'inquiète,
Vois tu sa sensibilité ?
Vois-tu cette nouvelle Armide
Que défendent ses six amans ?

Nul danger ne les intimide
Pour sauver ses appas naissans.

Ah ! n'isole pas davantage
Esprit, talens, grace, beauté.
En jouir seule est un outrage
Que tu fais à la volupté.
Autour de toi, dans la nature,
Tout de l'amour subit les loix.
Par l'exemple d'*Alcimadure*,
Tremble de ne pas faire un choix.

De l'arbre épineux de la vie,
Le plaisir est la tendre fleur.
L'hymen veut qu'elle soit cueillie,
Tu la fanes par ta rigueur.
Le tems respecte sa jeunesse,
Mais elle fuira sans retour.
Elise, une fausse sagesse
Peut te faire manquer l'amour.

Par le cit. DESHAYES.

LE BONHEUR EN FAMILLE.

Air : *Jeunes amans*, etc.

Qu'un autr chante la fierté
Des fils chéris de la Victoire;
A célébrer la volupté
Que celui-ci mette sa gloire;
Moi sur mes rustiques pipeaux,
D'une voix modeste et tranquille,
Je chante dans mes vers nouveaux
Le bonheur qu'on goûte en famille.

Chacun croît trouver le bonheur
Dans les grandeurs et la richesse;
Plaisir qui ne vient pas du cœur
N'a qu'une fatiguante ivresse;
Baisers d'amour ne valent point
Ceux qu'un père donne à sa fille :
On cherche le bonheur bien loin,
Il est près de nous en famille.

Voyez auprès de ses enfans
Cette mère tendre et chérie,
Leur prodiguer ses soins touchans
En leur faisant sucer la vie;
L'époux à ce tableau sourit,
Dans ses yeux une larme brille....
Bonheur! par-tout on te poursuit,
Mais on ne t'obtient qu'en famille.

        Par le cit. J. G. A. CUVELIER.

A

A UN JEAN, LE JOUR DÉ SA FÊTE,

Compliment d'une Veuve qui devait l'épouser.

ME permettrez-vous, monsieur *Jean*,
De vous dire avec Deshoulières,
Que, le prît-on de vingt manières,
Votre nom est toujours choquant ?
Qui dit *Jean* tout court, dit un rustre ;
Quand on l'allonge, c'est bien plus.
En vain voulez-vous rendre illustre
Ce vilain nom par vos vertus ;
Votre mérite aurait sans doute
Au plus obscur donné du prix ;
Mais celui que vous avez pris
Met votre mérite en déroute.
La Fontaine et les deux Rousseau
Ont-ils pu le rendre plus beau
Et plus sacré pour le vulgaire ?
J'en suis très-aise, à ne rien taire,
Car, quel que soit votre patron,
Des deux plus gros *Jean* qu'on révère,
Je le hais, pour bonne raison :
L'un d'eux prêchait la pénitence,
L'autre fit vœu de continence :

D

Une femme, convenez-en,
Peut-elle aimer de pareils *Jean?*
Ainsi, vous dont l'orgueil préfère
Un vain savoir au bien plus doux
De nous aimer et de nous plaire,
Si, cependant, pour vous distraire,
Uu jour vous devenez époux,
A monsieur *Jean* je recommande
D'être moins *Jean* auprès de nous,
Car, sans cela, que *Jean* s'attende
A grossir l'énorme légende
Des *Jean* bonnes gens comme vous.
A profit si vous savez mettre
Cet avis très-intéressant,
Je veux qu'avec étonnement
On dise, en vous voyant paraître :
C'est le moins Jean *de tous les* Jeans ;
Et d'honneur, au siècle où nous sommes,
Demandez aux trois quarts des hommes,
C'est le plus neuf des complimens.

Par le C. LEBRUN-TOSSA.

ADIEUX A CHLOÉ.

ROMANCE.

Air : *Vous qui de l'amoureuse ivresse.*

Le sort vient briser notre chaîne ;
    O dure loi !
Je n'ai passé qu'un mois à peine
    Auprès de toi.
Que ces momens ont coulé vîte !
    Ah ! je le sens,
Chloé, le plaisir précipite
    Le vol du tems.

S'arracher à l'objet qu'on aime,
    Dieux, quel effort !
Faut-il de ta douleur extrême
    Souffrir encor ?
Par pitié, sois plus inhumaine,
    Suspens tes pleurs ;
Je ressentirais moins de peine
    De tes rigueurs.

Mais non, je trouve encor des charmes
    Dans ton chagrin ;
Mon cœur ému sent, par tes larmes,
    Le prix du tien.

D 2

D'un tendre amour que ces indices
Troublent mes sens !
Ils font à-la-fois mes délices
Et mes tourmens.

Ma Chloé, pour calmer ta peine
En ces adieux,
Hélas ! arme ton cœur de haîne,
Si tu le peux !
Mais quand je viendrai plein d'ivresse
Dans ce séjour ,
Redouble pour moi de tendresse
A mon retour.

Anonyme.

UN PREMIER AMOUR.

ROMANCE.

Air du Jokei : *Il faut quitter ce que j'adore.*

L'HOMME, selon son caractère,
Cherche à varier ses destins :
Mille plaisirs sont sur la terre,
Mille fleurs sont dans nos jardins :
Plus d'une agréable folie
Vient nous séduire tour-à-tour ;
Mais il n'est rien dans cette vie
De plus doux qu'un premier amour.

Il est des amours de tout âge ;
L'homme est inconstant et léger :
Quel que soit le nœud qui l'engage,
Dès qu'il possède, il veut changer.
Une nouvelle fantaisie
Viendra l'occuper quelque jour ;
Mais que je le plains, s'il oublie
L'objet de son premier amour !

L'autre soir, la beauté que j'aime,
Sous un berceau, dans un jardin,
Pour prix de ma tendresse extrême,
M'abandonna sa belle main.
Baiser une main qu'on adore
Est un grand plaisir ; mais un jour,
Un regard m'en fit plus encore ;
C'était à mon premier amour.

Hier, à l'heure où tout sommeille,
Cloris, lasse de refuser,
Sur sa bouche humide et vermeille,
Me laissa cueillir un baiser.
Baiser la bouche qu'on adore
Est un grand plaisir : mais un jour,
Une main m'en fit plus encore ;
C'était à mon premier amour.

D'une beauté plus indulgente,
J'obtins, dans de plus doux momens,

Pour prix de ma flamme éloquente,
Ce tout désiré des amans.
Ce tout de celle qu'on adore
Est un grand plaisir : mais un jour,
Un baiser m'en fit plus encore ;
C'était à mon premier amour.

Comme un autre je fus volage,
Comme un autre je fus heureux :
Plus d'une a reçu mon hommage ;
Pour plus d'une j'ai fait des vœux.
Ces souvenirs de ma jeunesse
Pourront s'effacer pour toujours ;
Mais je veux, jusqu'en ma vieillesse,
Chanter mes premières amours.

Anonyme.

LA BAGUE.

CLARICE était bonne et belle,
Edmond riche et délicat ;
Ils s'aimaient d'amour fidèle,
Et se voyaient sans éclat.
Après six mois de tendresse,
D'épreuves et de rigueurs,
Vint un moment de faiblesse,

Qui des plus douces faveurs
Fut l'époque enchanteresse.
Sous le voile épais du soir,
Loin de tout regard profane,
Un bois servit de boudoir,
Un verd gazon d'ottomane.
Lorsque nos amans ravis
Allaient quitter la verdure,
Edmond y jette un rubis,
De son doigt riche parure.
Pourquoi, d'un air très-surpris
Lui demanda son amante,
Pourquoi jetter en ces lieux
Cette bague éblouissante,
Dont vous étiez glorieux ?
Je veux, dit-il, ô Clarice !
Je veux qu'un mortel jouisse
D'un bonheur inattendu,
Ici, sur le gazon même
Où, dans tes bras, j'ai connu
La félicité suprême.

Anonyme.

D 4

RÉPONSE

A une Epitre sur le Bonheur.

Ta muse consolante a posé pour maxime
Qu'on ne peut être heureux qu'avec la paix du cœur;
Mais, hélas! la vertu qu'on vante, qu'on estime,
Rarement en chemin rencontre le bonheur.
On a vu bien souvent l'innocent, le coupable,
Ensemble confondus au fond des noirs cachots.
Trouvant dans ses vertus un remède à ses maux,
L'innocent jouissait d'un calme inaltérable :
Il ne partageait pas les tourmens du pervers;
Mais était-il heureux? Ah! regarde ses fers.
Moi je le dis sans crainte: en tous lieux, à tout âge,
Sous les lambris dorés, sous l'humble toît du sage,
Les soucis, les chagrins, les cuisantes douleurs,
Toujours par quelqu'endroit pénètrent dans nos
      cœurs.
Et pour finir ici cette épître sévère,
Le bonheur n'est, hélas! qu'un être imaginaire,
Dont on parle beaucoup, que l'on dit plein d'appas,
Et qui toujours habite où nous ne sommes pas.

Par le C. Mainbourg.

L'INFORTUNÉE MÈRE.

Romance imitée de l'Anglais.

N'AYANT que ses maux pour cortège,
Au milieu d'une obscure nuit,
Par le vent, le froid et la neige,
Laura cherchait quelque réduit.
De tout le monde abandonnée,
Implorant en vain des secours,
Dans ses bras cette infortunée
Portait le fruit de ses amours.

« Que tu fus cruel, ô mon père,
» Auteur de mon bannissement !
» Que tu fus cruelle, ô ma mère,
» De souffrir ce dur traitement !
» Je viens en proie à la furie
» Des vents qui me glacent le cœur....
» Mais toi, quelle est ta barbarie,
» Amant ingrat, époux trompeur !

» Calme-toi, faible créature :
» Tes cris accroissent mes tourmens.
» Sourd à la voix de la nature,
» Ton père a trahi ses sermens.
» Ah! s'il connaissait la détresse
» Où nous réduit sa lâcheté,
» Contre le froid avec tendresse
» Il nous mettrait en sûreté.

D 5

„ En coulant avec abondance,
„ Que mes larmes sauvent tes jours!....
„ Mais, hélas! par sa violence
„ Le froid les glace dans leur cours.
„ Malgré cette source féconde,
„ Pauvre enfant, déjà tu n'es plus :
„ Ta mère n'a plus rien au monde,
„ Et ses tendres soins sont perdus. „

Par tant d'angoisses déchirée,
Ne pouvant plus se soutenir,
Cette femme désespérée
Sent sa dernière heure venir.
Sur ses genoux elle chancèle,
Embrasse encore son enfant,
Et le posant à côté d'elle,
Expire dans le même instant.

Par le C. REMARD, de Fontainebleau.

L'HOMME TOUJOURS MÉCONTENT.

CHANSON.

INSENSÉS! nous ne voyons pas
Les chagrins des autres états,
Et nous voulons changer le nôtre
Souvent contre celui d'un autre,
A qui le sien déplaît autant ;
Et voilà comme
L'homme
N'est jamais content.

Que le Marchand fait de bons coups,
Dit le Rentier , d'un ton jaloux !
L'autre dit que dans le commerce
Tout le trahit, tout le traverse ,
Qu'on ne voit plus d'argent comptant ;
    Et voilà comme , etc.

L'hymen a-t-il joint , par ses nœuds,
L'amant à l'objet de ses vœux ?
L'épouse perd sa bonne mine ;
L'époux trouve chez sa voisine
Je ne sais quoi de plus tentant ;
    Et voilà comme , etc.

Lorsqu'à Tircis , pour l'appaiser ,
Cloris laisse prendre un baiser ;
Il veut une faveur plus grande ;
Plus il obtient, plus il demande ;
Ses desirs vont en augmentant ;
    Et voilà comme , etc.

L'enfant voudrait devenir grand ,
Le vieillard être adolescent ,
La fille être femme et puis veuve ,
La veuve se donner pour neuve ,
La vieille faire un amant :
    Et voilà comme, etc.

Anonyme.

D 6

LE BONHEUR.

Air du Vaudeville de l'Officier de fortune.

HEUREUX le chansonnier habile,
Qui peut, sans effort et sans art ;
Dans les sentiers du vaudeville,
A volonté, suivre Panard !
Heureux, quand sa muse légère,
Dont rien n'altère la gaîté,
Sait découvrir au fond du verre,
De bons couplets à volonté.

Deux fois heureux l'homme sensible
Qui, loin des sots, loin des jaloux,
Peut, au sein d'un séjour paisible,
A volonté suivre ses goûts !
Deux fois heureux, quand la richesse,
D'accord avec l'humanité,
Permet d'aider, dans leur détresse,
Les malheureux à volonté !

Trois fois heureux l'amant fidèle,
Qui, d'un ardent amour épris,
Des feux dont son cœur étincelle,
A volonté reçoit le prix !
Trois fois heureux dans sa tendresse,
Si, par la tendresse écouté,
Il peut toujours, à sa maîtresse,
Prouver sa flamme à volonté !

Par le C. F. P. LEGER.

LA FEMME-ANGE.

Imitation de l'Anglais.

En te voyant, disais-je à mon amante,
De graces, de beauté, d'atours éblouissante,
Briller de tout l'éclat du messager des cieux
Qui planait sur *Milton*, lorsqu'il touchait sa lyre,
Je tremble d'approcher ; je contemple et j'admire
    Dans un trouble respectueux.

    Mais lorsque sans art, sans parure,
    Ne respirant qu'amour et volupté,
Des peines de ton cœur tendrement agité,
    Tu me fais la douce peinture ;
    Lorsque tu livres à ma foi
Et ta bouche et ces yeux où ta belle ame est peinte,
Je ne sens plus alors le poids de la contrainte ;
Alors tu redeviens une femme pour moi.

    Tu le sais, me répondit-elle,
Mon sexe est dominé par l'orgueil et l'amour ;
Mais sans blesser tes droits, *Zémide* tour-à-tour
A ce double penchant se montrera fidelle.
    Par ce baiser je jure à mon ami
(Dût-il un jour tromper l'espoir où je me fonde)
D'être jusqu'à la mort *ange* pour tout le monde,
    De n'être *femme* que pour lui.
Par le C. LABAUME.

T R A D U C T I O N

DU SONNET 103 DE PÉTRARQUE.

Si ce n'est pas l'amour, quel feu brûle en mes
veines ?
Ou quel est cet amour dont je me sens saisir ?
Si c'est un bien, pourquoi cause-t-il tant de peines ?
Si c'est un mal, pourquoi fait-il tant de plaisirs ?

Librement dans mon cœur si j'en nourris la flamme,
Pourquoi gémir toujours et toujours soupirer ?
Mais, plus puissant que moi, s'il asservit mon ame,
Hélas ! que me sert de pleurer ?

O mort pleine de vie, ô mal plein de délices !
Avez-vous, malgré moi, sur moi tant de pouvoir ?
Ou si c'est de mon gré, puis-je, en mon désespoir,
Vous accuser sans injustice ?

Sans gouvernail, sur les flots mutinés,
Chargé d'erreurs, léger d'expérience,
Dans un fragile esquif, j'affronte l'inclémence
Des aquilons contre moi déchaînés.

Nauffrage, en vain tu me menaces ;
Sais-je ce que je crains ? sais-je ce que je veux ?
L'été me voit trembler au milieu de ses feux,
L'hiver me voit brûler au milieu de ses glaces.

Par le C. ARNAUT, *auteur de Marius*, *etc.*

LE BERGER DANS L'AGE D'AIMER.

AIR : *Femmes, voulez-vous éprouver.*

QUE le tems change nos soucis !
Il en détruit, il en fait naître ;
Plaisirs naguères si chéris,
Vous cessez maintenant de l'être.
J'aime encor nos jeux innocens. . .
Mais certain feu brûle mon ame.
Hélas ! on doit donc à quinze ans
Etre brûlé de cette flamme !

Dans les fêtes de nos hameaux,
Dans nos jeux, nos danses légères,
Tous les bergers m'étaient égaux,
Et j'aimais toutes les bergères.
Que mes goûts sont bien différens !
Une seule à présent m'est chère.
Hélas ! on doit donc à quinze ans
N'aimer qu'une seule bergère ?

Rose est aussi dans l'heureux tems
Où l'on aime d'amour sincère ;
Rose a vécu quinze printems,
Et Rose est ma tendre bergère.
Ayons les mêmes sentimens ;
Aimer est le bonheur suprême.
O Rose ! aimons, puisqu'à quinze ans
Amour ordonne que l'on aime.

Par la Cit. JULIE B. . . .

CONSEILS

AUX POETES MODERNES.

Si tu veux faire un opéra-comique,
  Mets-y des geoliers, des bourreaux ;
Car si tu fais de trop rians tableaux,
  On te fera de la musique,
Que tout le monde, en sortant, chantera.
  Laisse Favart et sa méthode :
  Prison, naufrage, *et cætera*,
  Beaucoup de bruit pour rien ; voilà
  L'opéra-comique à la mode.

Un caractère, une intrigue suivie,
  De la raison, de la gaîté,
Et des tableaux frappans de vérité,
  C'était la vieille comédie,
Que, par bon ton, personne ne va voir,
  Laisse Molière et sa méthode :
  Petites scènes à tiroir,
  Petits vers, propos de boudoir,
  C'est la comédie à la mode.

Comédiens Ambulans, op. com. par le C. PICARD.

A LA MÉLANCOLIE.
STANCES.

ALIMENT et poison d'une ame trop sensible,
Toi, sans qui le bonheur me serait impossible,
Tendre mélancolie, ah ! viens me consoler ;
Viens calmer les tourmens de ma sombre retraite,
    Et mêle une douceur secrète
    A ces pleurs... que je sens couler.

Loin de moi vains plaisirs que ce monde idolâtre ;
Ces rires insensés, cette gaîté folâtre,
Semblent braver ma peine, et ne font que l'aigrir.
J'aime mieux mes regrets, ma tristesse, mes larmes :
    Ma langueur a pour moi des charmes ;
    Je souffre... et ne veux point guérir.

Nourrissez de mon cœur la longue inquiétude,
Ombrage des forêts, muette solitude,
Oiseau des nuits, ruisseau qui fuis, en murmurant ;
O lune ! désormais sois ma seule lumière ;
    Viens bénir mon heure dernière,
    Et je que meure en soupirant.
       Par le C. COLIN-D'HARLEVILLE.

LES PLAISIRS ET LES SOUVENIRS.

ROMANCE.

AIR *nouveau du citoyen* JADIN.

Me refuser ta main divine !
Qu'ai-je donc fait pour te fâcher ?
Je réfléchis, je m'examine :
Qu'as-tu donc à me reprocher ?
Je te chéris d'amour extrême ;
Mes vœux, mes desirs sont pour toi :
Ah ! dis-moi, toi-même, dis-moi,
N'est-ce pas ainsi que l'on aime ?

Mais ce n'est qu'à l'indifférence
Que je dois, hélas ! mes tourmens ;
Elle est toujours la récompense
Des bons amis, des vrais amans.
Non, non, ton cœur n'est plus le même ;
Je ne vois que trop ta froideur :
Et moi, je sens, pour mon malheur,
Qu'il faudra que toujours je t'aime.

Rappelle-toi, femme adorée,
Les doux instans de cette nuit
Où d'amour mon ame énivrée,
Avec ton cœur se confondit :

Aimant alors d'amour extrême,
Il s'agitait avec le mien,
Et tu disais, je m'en souvien,
Ah ! c'est bien ainsi que l'on aime !

Je croyais, dans ma douce ivresse,
Voir durer ma félicité,
Quand sur le sein de ma maîtresse
Je respirais la volupté.
Tes baisers ne sont plus les mêmes.
Ton cœur ne répond plus au mien ;
Comme autrefois, je m'en souvien,
Tu ne me dis plus que tu m'aimes.

Ah ! si d'une amante chérie
Je ne possède plus le cœur,
Je dois renoncer à la vie,
Il n'est plus pour moi de bonheur ;
Mais que tes baisers soient les mêmes,
Partage mes brûlans desirs :
Ah ! d'amour rends-moi les plaisirs,
En disant encor que tu m'aimes.

Par le C. M. J. BOULLAUT.

LE FROID MORAL.

Air : *Fidèle époux, franc militaire.*

La saison la plus rigoureuse
Règne en nos climats attristés,
Et dans leur course impétueuse,
Bien des fleuves sont arrêtés.
Par-tout les glaces s'amoncèlent ;
Mais l'on voit d'un œil désolé,
Que de tous les fleuves qui gêlent,
Le Pactole est le plus gelé.

Celui que l'aveugle fortune
Comble aujourd'hui de ses faveurs,
Malgré la misère commune,
De l'hiver brave les rigueurs.
Ah ! par son luxe ridicule,
Plus d'un chantier est démeublé ;
Mais malgré tout le bois qu'il brûle,
Souvent son cœur reste gelé.

Si l'on veut aller au spectacle
Pour se chauffer et pour jouir,
On n'y trouve pas, sans obstacle,
De la chaleur et du plaisir.

En vain des feux de toute espèce,
Des démons y sont rassemblés,
Bien souvent les acteurs, la pièce,
Et les auditeurs sont gelés.

Le plus ardent amour dévore,
Le pauvre et sensible Damon ;
Mais de la beauté qu'il adore,
Le cœur se sent de la saison.
Un fournisseur a pris la place
De ce pauvre amant désolé ;
Et ce cœur qui semblait de glace,
Pour un peu d'or s'est dégelé.

ENVOI.

Soleil, selon notre espérance,
Tu vas ranimer nos climats,
Et bientôt ta vive influence,
Va dissiper les noirs frimats.
Mais les feux que tu nous apprêtes,
Tu feras bien de les doubler,
Car nous avons bien des poëtes,
Et bien des cœurs à dégeler.

Par le C. ANTIGNAC.

STANCES A UNE MÈRE,

Qui vient de perdre l'Enfant qu'elle allaitait, âgé de sept mois.

(On peut les chanter sur l'air : *Comment goûter quelque repos ?*)

Touchés, émus de tes douleurs,
O ! des Mères parfait modéle !
L'Amour et l'Amitié fidelle
N'osent même essuyer tes pleurs.
La Mort frappe, dans sa furie,
L'Enfant sur ton sein élevé,
Mais que le Ciel a préservé
Des maux, des peines de la vie.

Rappelle-toi ces jours affreux,
Dont au loin grondent les tempêtes ;
Le crime menaçait les têtes
Des Français les plus vertueux ;
Il eût frappé, dans sa furie,
L'Enfant sur ton sein élevé ,
Et que le Ciel a préservé
Des maux, des peines de la vie.

Mère sensible , ignores-tu
Que pour souffrir l'homme a dû naître,
Et qu'il maudit souvent son être,
Tout en adorant la vertu ?

La Parque rend digne d'envie
L'Enfant dont elle t'a privé,
Et que le Ciel a préservé
Des maux, des peines de la vie.

Suspends le cours de tes douleurs ;
Dis avec la sagesse austère :
« Plus je suis bonne et tendre mère,
» Moins je dois répandre de pleurs.
» Déjà ta carrière est finie,
» Cher fils sur mon sein élevé. . . . .
» Mais le destin t'a préservé,
» Des maux, des peines de la vie. »

Par le C. P. J. B. NOUGARET.

LES GOUTS MODERNES.

Air : *Chacun avec moi l'avouera.*

Jadis, pour éviter l'ennui,
On voyait la femme élégante,
Contraire aux femmes d'aujourd'hui,
Se piquer d'être un peu savante ; (*bis.*)
Mais un *spincer* tient lieu de tout ; (*bis.*)
On fait par lui mainte conquête,
On fourre de l'esprit par-tout,
Mais de l'esprit (*bis.*) par-dessus la tête.

Avec concert, bals et chevaux,
De nos jours chaque merveilleuse
Sait se mettre à l'abri des maux
Qu'amène une vie ennuyeuse ; (*bis.*)
Enfin, c'est un goût général : (*bis.*)
Tour-à-tour chaque femme aimable
Doit tous les mois donner son bal
Et son concert (*bis.*) à l'incroyable.

Thé, proverbes, colin-maillard,
Par fois occupent les soirées ;
C'est alors qu'au propos gaillard
Nos belles se trouvent livrées : (*bis.*)
Un amant adroit en ce jeu, (*bis.*)
Craignant d'échapper ce qu'il chasse,
Vîte implore le petit dieu ;
L'aveugle amour (*bis.*) quête à sa place.

A l'instant de se séparer,
Une soubrette très-habile
Avec soin a su préparer
A l'amant un secret asyle : (*bis.*)
A sa moitié disant bon soir, (*bis.*)
Sur sa vertu sans aucun doute,
Le mari part ; croyant tout voir,
Et c'est lui seul (*bis.*) qui n'y voit goutte.

Par le C. BONNIN.

IL

IL EST TEMS.

Air : *Que ne suis-je la fougère.*

QUAND au cœur d'une fillette,
Nature élève la voix,
Vous la voyez inquiette,
Triste et folâtre à-la-fois ;
Et ce trouble qu'elle ignore,
S'accroît à tous les instans....
En vain tout dit : *Pas encore,*
Si le cœur dit : IL EST·TEMS.

La jeune et simple Colette
Jusqu'ici ne connut rien
Que son troupeau, sa houlette,
Sa pannetière et son chien ;
Mais quinze ans viennent d'éclore :
Le bel âge que quinze ans !
En vain tout dit: *Pas encore,*
Le cœur lui dit: IL EST TEMS.

Quinze ans ! c'est aussi ton âge ;
A quinze ans, de la raison
Le froid, le triste langage
Ne fut jamais de saison
Si pour troubler, Léonore,
Les beaux jours de ton printems,
Elle te dit : *Pas encore,*
N'en crois rien, car IL EST TEMS.

Anonyme.

E

LE BONHEUR.

Air : *Du Vaudeville des Visitandines.*

OVIDE, en accordant sa lyre,
Par les Grâces fut inspiré ;
Mais trop souvent dans son délire,
Loin du but il s'est égaré :   (*bis.*)
Sa voix légère nous attire,
Son pinceau doit tout enflammer ;
Mais, en promettant l'*Art d'aimer*,
Il n'apprend que l'art de séduire   (*bis.*)

D'Anacréon la tendre ivresse
A chanté les jeux, les amours ;
Entre le vin et la tendresse,
Mollement il coula ses jours :   (*bis.*)
Suivant les loix du dieu de Gnide,
Dans son aimable et douce erreur,
Il passa tout près du bonheur,
En prenant le plaisir pour guide.   (*bis.*)

Le chant des filles de mémoire,
Par sa nature est indiscret ;
Si tout poëte aime la gloire,
Le bonheur aime le secret :   (*bis.*)
Il ne veut point que l'on se vante,
Dès qu'on le montre on le détruit ;
Il fuit l'éclat, il craint le bruit ;
Comment voulez-voulez qu'on le chante ? (*bis.*)

On doit le suivre avec mystère,
Et le saisir adroitement;
Pour en jouir, il faut se taire,
Et sur-tout aimer constamment.   (*bis.*)
Le bonheur est d'aimer sans cesse;
S'il existe un mortel heureux,
Il n'a jamais changé de lieux,
D'amis, d'humeur ni de maîtresse.   (*bis.*)

Par le C. L. P. SÉGUR.

LE SENTIMENT GÉNÉRAL.

Air nouveau du citoyen Rosières.

Nous disons de maint drame triste,
Dont le style est d'horreur bouffi,
Fi.
Nous disons aux auteurs d'Egisthe,
De Marius, d'Epicharis,
Bis.
Nous disons voyant l'étalage
De certains Crésus prospérans,
Rends.
Nous disons de maint équipage
D'un grand éclat et d'un grand prix,
Pris.

Magasin des Modernes, par les Cit. DESCHAMPS
et DESPREZ.

E 2

LE FAT DU JOUR.

Air : *D'Exaudet.*

Tel de qui
Le wiski
A des aîles,
Tel qui sait papillonner,
Danser, valser, lorgner,
Nommer toutes les belles,
En jockeis,
En bocquets
Se connaître ;
Au spectacle, au cours, au bois,
Presque par-tout à-la-fois
Paraître ;
Près de la beauté suivie,
Remplir ses rivaux d'envie,
A leurs yeux
Etre heureux,
Infidèle :
Pour réussir en effet,
Voilà le plus parfait
Modèle.

Par les mêmes.

LES DEGRÉS DE L'AMOUR.

ROMANCE.

Le cœur de Lise était muet encore,
Et pourtant Lise inspirait le desir :
Telle, en nos champs, la rose se colore,
Et plaît avant de s'ouvrir au plaisir.

Bientôt après, la voix de la nature
Dans ce cœur neuf doucement retentit.
Lise voulut expliquer ce murmure,
Mais à treize ans on n'a pas grand esprit.

Enfin, un jour Mirtil dans la prairie,
De ce vain bruit fit un doux sentiment.
Mirtil aimait; Lise fut attendrie :
A quatorze ans le cœur parle aisément.

Un an se passe, et Lise fut volage;
Voilà son cœur qui parle à tout hasard :
Quand on a fait l'essai de ce langage,
Le cœur souvent devient fort babillard.

Blaise et Daphnis, et Lubin et Bazile
A l'entretien se virent appeler ;
Mais à la fin, ce cœur prompt et facile
Ne trouva plus, hélas ! à qui parler.

E 3

Jeunes beautés, que cette expérience
Serve du moins à régler vos amours :
Ne gardez pas tout-à-fait le silence ;
Mais apprenez à borner vos discours.

Par le Cit. AUGUSTE GAUDE,
Membre du Lycée de Toulouse.

PORTRAIT D'HÉBÉ.

As-tu vu dans les champs de Flore
La rose brillante d'attraits,
S'entr'ouvrir aux pleurs de l'aurore
Et trahir ses trésors secrets ?
Comme au zéphir qui la caresse,
Son sein encore mi-fermé,
S'offre et s'échappe avec mollesse !
Telle, et plus fraîche, est mon Hébé.

As-tu, sous la verte feuillée,
Entendu, le soir d'un beau jour,
Près du Nid de sa bien-aimée,
Le rossignol chanter l'amour ?
Comme sa voix tendre et flexible,
Module un son pur, éclatant !...
Comme elle émeut un cœur sensible !
Mais qu'Hébé l'efface aisément.

Dans ce séjour où la nature
S'embellit du fini de l'art,

As-tu vu , par un doux murmure ,
Annoncer Mezeray , Maillard ?
De leur port comme la noblesse ,
L'aisance et la douce fierté ,
Dans tous les cœurs portent l'ivresse !
Telle , et sans art , est mon Hébé.

Anonyme,

UNE JEUNE ÉPOUSE A SON MARI,

Les premiers mois qu'elle est enceinte.

Air : *Des simples jeux de son enfance.*

PARTAGE toute mon ivresse ,
Le ciel a béni notre hymen ;
Un gage de notre tendresse
Vient de tressaillir dans mon sein.
En vain le tems fuit et s'élance ,
Et se plaît à tromper nos vœux ;
L'amour double mon existence ,
Pour nous rendre à jamais heureux.

Quelle félicité suprême
Ravit et pénètre mon cœur !
Quoi ! bientôt une autre moi-même
Naîtra pour sentir mon bonheur !
Grace au destin le plus prospère ,
Mon ami s'entendra nommer
Epoux fidèle, tendre père ,
Et nous serons deux pour t'aimer.

Par le C. P. J. B. NOUGARET.

E 4

LE POMMIER DÉPOUILLÉ;

FABLE.

CHARGÉ de fruits nombreux aussi beaux
        qu'excellens,
Un pommier était fier de voir que tous les gens
    De la famille de son maître
    Venaient chaque jour se repaître
De ses fruits savoureux dont la maturité
    Relevait encor la beauté.
Lorsqu'il fut dépouillé, les visites cessèrent :
    Les courtisans se retirèrent.
Confus, il dit alors : Puisqu'on me traite ainsi :
Je le vois, je n'eus point de véritable ami
    Dans les jours de mon abondance.

    Quand nous sommes dans l'opulence,
    Avec soin on nous fait la cour,
Vient-elle à nous quitter, on nous fuit sans retour.

Anonyme.

LES NOUVEAUX RICHES.

Air : *De la Croisée.*

Voyez dans ces chars si légers
Des beautés encor plus légères ;
De nouveaux Crésus, étrangers
Au sentiment de nos misères ;
Ils mènent leur fringuant coursier
Avec une ardeur peu commune :
C'est ainsi qu'ils ont avant-hier
    Fait aller la fortune.   (*bis.*)

Je pourrai les voir sans humeur
Jeter la boue à l'indigence :
Quand aux pieds on foula l'honneur,
Le reste est une conséquence.
Oui, dans ce limon infecté,
Présent dont leur grandeur m'honore,
J'aime à voir ce qu'ils ont été
    Et ce qu'ils sont encore.   (*bis.*)

Achetant, remboursant, donnant
Un vain papier pour des espèces,
Ils ont acquis en un instant
Terres, meubles, gens et maîtresses.

Osons pourtant leur reprocher
Au moins une mauvaise affaire ;
Et disons qu'ils ont payé cher
    Leur fortune éphémère.   (*bis.*)

Ils en jouissent sans honneur ,
Tout de même qu'ils l'ont gagnée.
Il fut un tems où la douleur
Ne languit point abandonnée,
Où le riche aida l'amitié ,
Et soutint un talent sublime ;
Mais cet usage est oublié,
    Avec le vieux régime.   (*bis.*)

Qu'importe qu'un sort rigoureux
Poursuive et *Laharpe* et *Delille* ,
Que prêtres , rentiers malheureux,
Meurent cent fois dans leur asyle ;
Tant de maux au sot enrichi
Semblent de légères disgraces ,
Si le ciel sauve de Garchi
    Et les jours et les glaces.   (*bis.*)

Ne rien accorder à nos maux ,
Donner tout aux jeux , à la table ;
Voilà de nos riches nouveaux
Quel est le systême coupable.
Des bijoux qu'on croyait perdus
Ornent leurs superbes amantes :

N'en pouvant rien dire de plus,
   On les trouve brillantes.   (*bis.*)

Ils jettent un œil dédaigneux
Sur la chaîne qu'Hymen impose ;
Ou , s'ils en ont formé les nœuds,
Les rompre est pour eux peu de chose.
Ils joignent leur cœur , leur destin ,
Au sort d'une beauté peu fière ,
Qu'ils prennent en un coup de main
   Comme le numéraire.   (*bis.*)

Je finis ici mes couplets ,
Et je vous en offre l'hommage
A vous, messieurs, dont les portraits
Composent tout ce badinage.
Peut-être en vos festins joyeux
Vous chanterez cette satyre ,
Et je crois que vous saurez mieux
   La chanter que la lire.   (*bis.*)

Anonyme.

—————

E 6

LE DIABLE.

Air : *L'autre jour, le gros René.*

To u t atteste et reconnaît
Le pouvoir du diable.
Dans tout ce qu'on dit et fait
Est mêlé le diable.
Plus d'un auteur l'a prouvé
En vers à la diable, ô gué,
En vers à la diable.

L'homme d'esprit a , dit-on,
Tout l'esprit d'un diable.
Nous disons , d'un bon garçon ,
Qu'il est un bon diable ,
Et de l'honnête homme à pié ,
C'est un pauvre diable, ô gué ,
C'est un pauvre diable.

Qui desire être cité ,
Mène un train de diable.
N'a pas qui veut pour beauté,
La beauté du diable.
Plus d'un ouvrage vanté ,
Ne vaut pas le diable, ô gué ,
Ne vaut pas le diable.

Quel est l'homme qui jamais
Ne se donne au diable ?

Les trois quarts de nos projets,
Où vont-ils ? Au diable.
Par la queue, ah ! que j'en sais
Qui tirent le diable, ô gué,
Qui tirent le diable.

Anonyme.

L'EMBARRAS DU CHOIX.

Air : *Je l'ai planté, je l'ai vu naître.*

DEUX sœurs font toute ma folie ;
Je les adore tour-à-tour ;
L'une a les talens d'Uranie ;
L'autre les charmes de l'Amour.

Aglaé, de la fleur nouvelle,
Joint la jeunesse et la fraîcheur.
Hélas ! que n'est-elle moins belle !
Peut-être aurais-je encor mon cœur.

Sa sœur, avec délicatesse,
De l'ennui chasse le poison ;
Elle déride la sagesse,
Et fait sourire la raison.

Je voudrais bien que de ma vie
Le cours fut ainsi partagé :
Passer mes jours près de Sophie,
Et mes nuits avec Aglaé.

Par le C. DELMOTTE.

LE NOUVEL EMBARRAS DU CHOIX.

ROMANCE.

Pour mon malheur, ai deux maîtresses,
Que toutes deux chéris également ;
Vous ne plaignez embarras de richesses ,
Sens bien pourtant que c'est cruel tourment.

Ne fut jamais dans l'humaine puissance
De contenter deux belles à-la-fois ,
Faut donc à l'une accorder préférence,
Mais qui pourra me fixer dans mon choix?

La belle Usmé, jeune, vive et légère ,
Change d'humeur à chaque instant du jour ,
D'un seul regard enchante ou désespère ,
A mille amans , et n'eut jamais d'amour.

Aménaïs, naïve et languissante ,
Livre son cœur au plus doux sentiment,
Fuit le tumulte , est sincère et constante ,
Et voit un dieu dans son fidèle amant.

L'une éblouit par brillante folie;
Son esprit seul eût suffi pour charmer ;
L'autre attendrit par sa mélancolie ;
Rien que son cœur me l'aurait fait aimer.

Et de choisir, moi j'aurais le courage !
Non, je ne puis outrager la beauté.
Que faire donc?... Toute femme est volage,
J'attends mon sort d'une infidélité.

Par le C. FABIEN PILLET.

PLACE DU CŒUR D'UN AMANT.

Air : *Trouver le bonheur en famille.*

Je le crois au bout de mes doigts
Lorsqu'à tes doux attraits je touche ;
Dans mes yeux, lorsque je te vois ;
Quand je t'embrasse, sur ma bouche ;
Dans mes gestes, pour t'exprimer
Tendre prière, heureux délire ;
Dans tout mon être, pour t'aimer ;
Dans mon esprit, pour te le dire.

Pourtant au même endroit, dit-on,
Porter le cœur, est chose rare ;
Un lâche ne l'a qu'au talon,
Et dans sa cassette un avare ;
Pour l'ivrogne, il est dans le vin,
Et dans les sens, pour une bête ;
Bien peu d'amis l'ont sur la main,
Beaucoup d'amans l'ont dans la tête.

(*Arlequin tout Seul*, par le C. Emm. DUPATY.)

LES PETITS SACS,

OU LES RIDICULES.

Air : *Du petit Matelot.*

Un sac est un vrai nécessaire,
Un p o te-feuille, un agenda ;
On y place lettres d'affaire,
Bourse, portrait *et cætera*. (*bis.*)
Le tout est rangé de manière
Que malgré ce plaisant mic-mac,
Ce que pour l'époux il faut faire
Reste toujours au fond du sac. (*bis.*)

Des formes d'un joli corsage
Des poches gâtaient le contour ;
Un sac qui sert au même usage,
De plus est utile en amour ; (*bis.*)
Chez *Garchi*, madame va-t-elle,
A Thelusson, au Ranelach,
L'amant prend le bras de la belle,
A l'époux on donne le sac. (*bis.*)

Par distraction on le jette
Sur un sopha, sur un fauteuil ;
Au fidèle amant qui le guette
On fait un signal, un coup-d'œil ; (*bis.*)

Il vante avec délicatesse
Le goût, la couleur, l'ouvre, et crac
Il fait glisser avec adresse
Un billet doux au fond du sac.   (*bis.*)

Anonyme.

UN PÈRE A SA FILLE.

Air Nouveau.

MA chère enfnat ! retiens bien de ton père
Que les vertas sont le souverain bien,
Dût-il languir au sein de la misère,
L'homme d'honneur a tout, en n'ayant rien. (*bis.*)

Du malheureux, qui n'a rien à personne,
La conscience est le premier soutien;
Tout lui sourit, quoique tout l'abandonne,
Lorsque son cœur ne lui reproche rien.   (*bis.*)

Pour un mortel l'or a-t-il tant de charmes,
Quand il se dit : Cet or n'est pas le mien !...
Qui de son frère a pu sécher les larmes,
Est assez riche, et n'a besoin de rien.   (*bis.* (

J'entends du ciel une voix qui nous crie :
« Quiconque nuit, n'est jamais c toyen.
» C'est par le cœur qu'on sert bien sa patrie;
» Sois bienfaisant, tout le reste n'est rien, » (*bis.*)

Paroles et musique du COUSIN JACQUES.

BOBY,
OU L'ÉCOSSAISE FOLLE PAR AMOUR,
ROMANCE.

Ralentissez un instant votre course,
O voyageur sensible et généreux !
Reposez vous auprès de cette source,
Pour écouter un récit douloureux.

Dans ce vallon, sous un toît solitaire,
Vivait Boby, l'ornement du hameau,
Bornant ses vœux au bonheur de sa mère,
Et ses plaisirs au soin de son troupeau.

Talens, vertus ornaient le caractère
Du jeune Olman qui vient dans ce séjour :
Il voit Boby, réussit à lui plaire,
Et tous les deux n'avaient plus qu'un amour.

On les chérit, par-tout on s'intéresse
Au jour qui doit les unir à jamais.
Ce jour enfin, marqué par la tendresse,
Voit couronner nos amans satisfaits.

Dans le vallon, sous un abri paisible,
Ils partageaient la gaîté d'un repas,
Quand tout-à-coup Olman, pâle, insensible,
Ferme ses yeux sous la main du trépas.

Tout est changé ; Boby fondant en larmes,
Appelle Olman, Olman ne l'entend plus.

Chacun la plaint, partage ses alarmes,
Et veut cacher ses regrets superflus.

Mais rien ne peut soulager sa tristesse,
De son malheur elle accuse les cieux,
Et sur l'objet de sa vaine tendresse,
Avec douleur elle baisse les yeux.

C'est à ses pieds que son amant repose :
Dans le vallon elle ordonne un tombeau ;
Pour l'ombrager, elle-même dispose
D'arbustes verds un funèbre berceau.

Sa raison fuit. Dans un profond silence
Elle gémit auprès du monument.
Que le jour naisse, ou que la nuit s'avance,
Boby croit voir l'ombre de son amant.

Depuis ce tems, la jeune infortunée,
Les yeux éteints, la pâleur sur le front,
File à regret sa triste destinée,
En implorant un supplice plus prompt.

Soir et matin, les filles du village
Viennent ensemble, en plaignant son malheur,
Lui présenter des fruits et du laitage,
Et les avis qu'exige son erreur.

Boby les voit, elle sent leurs alarmes,
En leur présence elle invoque la mort.
Hélas ! Boby ne versa plus de larmes ;
Mais qui pourrait ne pas pleurer son sort ?

Par le C. BOUCHER.

LE BUISSON,

FABLE CHANTANTE.

Air : *On rajeunit par la gaîté.*

« Pourquoi faut-il qu'on me rejette ?
(Disait un buisson dans son coin)
» Pourquoi faut-il que je végète,
» Sans obtenir le moindre soin ?
» Qu'on me cultive, qu'on m'arrose,
» Et l'on me verra, cet été,
» En éclat surpasser la rose,
» Et la prune en fécondité. »

Séduit par ce ton hypocrite,
Le gros Thomas, un beau matin,
Plante le buisson parasite
Dans le milieu de son jardin :
Bientôt les carrés, les quinconces,
Couverts de ses rameaux touffus,
A l'œil n'offrent plus que des ronces ;...
Les fleurs, les fruits sont disparus.

« Voilà donc le prix de mes peines,
(Se dit Thomas, en sanglottant)
» Et sur des promesses si vaines,
» J'ai pu compter un seul instant !

» Ah ! quoique le ciel m'en punisse,
» De mon sort je ne me plains pas :
» A des méchans rendez service,
» Vous n'en ferez que des ingrats. »

Par le C. F. P. A. LÉGER.

JADIS ET MAINTENANT.

CHANSON MORALE.

Air : *Femmes, voulez-vous éprouver.*

JADIS, ainsi que maintenant,
A son siècle on faisait la guerre :
On trouvait que l'âge présent
Au passé ne ressemblait guère.
Nous, soyons plus francs, mes amis,
Et rendons justice à notre âge :
Jadis avait bien quelque prix ;
Maintenant vaut bien davantage.

Jadis on travaillait trente ans
A fixer l'aveugle déesse ;
Maintenant en bien moins de tems
On improvise la richesse.
Entre jadis et maintenant,
Tout se compense, tout s'arrange :
On gagne plus vîte l'argent :
Mais plus vîte encore on le mange.

Jadis, par de malins discours,
On mettait le prochain en pièces.
Maintenant force calembours
Sont l'ame de certaines pièces.
Si jadis, pour tuer le tems,
De petits jeux on fit ressource;
Maintenant, grace à nos brelans,
On tue et le tems et la bourse.

Jadis, deux amans à-la-fois,
Suffisaient aux femmes discrettes;
Maintenant, deux maris ou trois
Ne font pas peur à nos coquettes.
Jadis, mantelet et fichu
Défendaient la vertu des femmes;
Maintenant la seule vertu
Défend les attraits de nos dames.

Par le C. L. BAILLEUX.

LE QUART-D'HEURE DE RABELAIS.

CHACUN a son mauvais quart-d'heure,
Tel est notre sort ici-bas :
Le fou s'en rit, le sot en pleure,
Le sage le souffre tout bas.
L'intrigant avec plus d'audace,
Sur son voisin, sans autres frais,
Adroitement se débarrasse
Du quart-d'heure de Rabelais.

Attendre, pour payer sa dette,
Un ami prêt à s'en charger;
Attendre un emploi que l'on guette;
Attendre l'heure du berger;
Entre la crainte et l'espérance,
Attendre la fin d'un procès:
Que de gens connaissent, en France,
Le quart-d'heure de Rabelais!

L'amour, l'hymen, à ce quart-d'heure
Sont aussi soumis par le sort:
Où l'amour rit trop, l'hymen pleure;
Où rit l'hymen, l'amour s'endort.
Hélas! pour un air que fredonne
Le tendre amour dans ses bosquets,
Que de fois le pauvre hymen sonne
Le quart-d'heure de Rabelais!

Combien de veilles, de journées,
Nous vola maint auteur anglais!
O combien d'heures fortunées
Vole encor mainte œuvre français!
Ici, d'une aîle plus légère,
Le tems emporte nos couplets:
Et l'esprit du moins ne perd guère
Qu'un quart-d'heure avec Rabelais.

(Vaudeville du Quart-d'heure de Rabelais.)

L'INNOCENCE.

Air : *Femmes, voulez-vous éprouver.*

Sur la fin d'un beau jour d'été,
C'était après la moisson faite,
Dans les champs il n'était resté
Que le jeune Alain et Lisette.
Alain l'apperçoit ; et, de loin,
Lisette le voyait, je pense ;
Tous deux d'aimer avaient besoin,
Tous deux avaient leur innocence.

La lune éclairait l'horison,
Et Zéphir caressait la plaine ;
Là-bas, dans le creux d'un vallon,
On voit jaillir une fontaine.
La solitude, un ciel si beau,
La fraîcheur des nuits, le silence,
Un lit de verdure, un ruisseau,
Combien d'écueils pour l'innocence !

En détournant, vers le côteau,
Un chêne est là, dont le feuillage
Aux plaisirs, aux jeux du hameau,
Cent ans a prêté son ombrage ;
Sans y penser, Lisette suit
Alain, qui gaîment la devance ;

C'est b

C'est l'instinct seul qui la conduit,
Et l'instinct combat l'innocence.

Sous le même abri, deux oiseaux
Que le dernier printems vit naître,
S'essayaient aux plaisirs nouveaux
Que Lise va bientôt connaître :
Alain dans ses bras la saisit,
Lisette y tombe sans défense ;
Et le ciel alors entendit
Le dernier cri de l'innocence.

Ils oubliaient que sur les champs
La nuit commençait à s'étendre ;
Et, par des sentiers différens,
Au village il fallait se rendre ;
Lise un moment suspend ses pas,
Pour assurer sa contenance,
Et va disant encor tout bas :
Alain, Alain, mon innocence !

Anonyme.

F

LA VERITÉ DE LA NATURE.
Air nouveau.

POURQUOI va-t-on chercher si loin
Le plus doux charme de la vie ?
De tant d'apprêts est-il besoin
Pour plaire à son unique amie ?
Un couple amoureux ne craint rien,
S'il ne connaît pas l'imposture ;
On aime toujours assez bien,
En aimant d'après la nature.   (bis.)

Non, rien ne vaut la fleur des champs
Qui pare la simple bergère ;
On aimerait moins le printems,
Si l'art pouvait l'aider à plaire.
Ce fut comme un voile léger,
Qu'Amour inventa la parure :
L'art ne fut pas fait pour changer,
Mais pour embellir la nature.   (bis.)

O vous tous, qui vous attachez
A saisir le bonheur suprême !
Vous n'aimez pas, si vous cherchez
Comment il faudra dire : J'aime.
Pour toucher l'objet qu'on chérit,
Le cœur est une route sûre ;
Le cœur a toujours de l'esprit,
S'il parle d'après la nature.   (bis.)

Paroles et musique du COUSIN JACQUES.

IDYLLE AUX VIOLETTES.

O fille du printems ! douce et touchante image
    D'un cœur modeste et vertueux ,
Du sein de ces gazons tu remplis ce bocage
    De tes parfums délicieux.
Que j'aime à te chercher dans l'épaisse verdure ,
    Où tu crois fuir mes regards et le jour !
Au pied d'un chêne vert qu'arrose une onde pure ,
    L'air embaumé m'annonce ton séjour.
    Mais ne crains rien de ma main généreuse ,
    Sans te cueillir , j'admire ta fraîcheur ;
      Je ne voudrais pas être heureuse
      Aux dépens même d'une fleur.
      Reste sur ta tige flexible ,
      Jouis des beaux jours du printems :
      Que les zéphirs rafraîchissans ,
    Que ces rameaux et ce lierre sensible ,
Te défendent , l'été , des rayons dévorans.
      Que l'automne aussi fasse éclore
    Autour de toi des rejettons nombreux ;
    Que de l'hiver le souffle rigoureux
      S'adoucisse et t'épargne encore.
Ah ! comme ton parfum, dont la suave odeur
S'exhale dans les airs sans dévoiler tes charmes,
Que ne puis je du pauvre en essuyant les larmes,

Lui dérober l'aspect du bienfaiteur !
Timide comme toi, je veux dans la retraite
    Et dans l'oubli passer mes jours :
Un peu d'encens vaut-il ce trouble, qui toujours
    Poursuit notre gloire inquiète ?
Simple en mes goûts, de paisibles loisirs
    Rendent mon ame satisfaite ;
    Mon nom contente mes desirs,
    Puisque l'amitié me répète :
L'avenir m'oublîra ; mais chère à mon époux,
    Dans mon enfant trouvant mon bien suprême,
    Bornant le monde à ce que j'aime,
Je n'étonnerai point le vulgaire jaloux.
    Oui, comme toi, cherchant la solitude,
Ne me plaisant qu'en ces vallons déserts,
J'y viens rêver, et soupirer ces vers
    Qui ne doivent rien à l'étude.

Par la Cit. D'HAUTPOUL, ci-dev. BEAUFORT,
        membre du Lycée de Toulouse.

BOUTADE POÉTIQUE.
Air : *Du Prisonnier.*

FROIDE raison, triste sagesse,
Je ne porterai plus vos fers ;
Pour la folie et la tendresse
Désormais couleront mes vers.

> Par des bagatelles,
> On charme les belles :
> On s'attire d'elles
> Complimens flatteurs.
> La gloire doit plaire ;
> Mais elle est si chère,
> Que je lui préfère
> De tendres faveurs.

Froide raison, etc.

> On fait un ouvrage
> Bien écrit, bien sage ;
> Des censeurs la rage
> Bientôt le flétrit ;
> Mais la chansonnette,
> Chacun la répète ;
> A l'heureux poète,
> La beauté sourit.

Froide raison, etc.

Anonyme.
F 3

SANS Y PENSER.

Sans y penser on voit tourner la terre ;
Sans y penser on fait tout bien souvent,
Le bien, le mal, ce qu'il faut, le contraire ;
Sans y penser, on pense en grandissant ;
Sans y penser, notre Eve devint mère ;
Sans y penser ainsi naît maint enfant.
Sans y penser, Cloris a l'art de plaire ;
Sans y penser, on l'aime en la voyant ;
Sans y penser, de mon indifférence,
En l'écoutant, j'ai perdu le bonheur.
Sans y penser, riant de ma souffrance,
Cloris reçoit les sermens de mon cœur.
Sans y penser, Cloris est bien cruelle ;
Mais on se dit, afin de moins souffrir :
« Sans y penser, une rose nouvelle
» Offre l'épine à qui veut la cueillir ;
» Vient le zéphyr, et rose, moins rebelle,
» Sans y penser, satisfait son desir.
» Ainsi Cloris, encore inaccessible,
» Sans y penser, ne sait que nous blesser :
» Un jour l'amour la rendra plus sensible,
» Un jeune cœur aime sans y penser. »

Par le C. J. J. LUCET.

LE MÊME SUJET.

COUPLETS.

Air : *Du Petit Matelot.*

SANS y penser, par une belle
Notre cœur se laisse enflammer ;
Sans y penser, on trahit celle
Qu'on aurait dû toujours aimer.
Mortels, par votre imprévoyance,
Le malheur vient vous traverser :
Vous faites ici-bas, je pense,
Trop de choses sans y penser.

Hortense a, dans son innocence,
Vécu seize ans, sans y penser ;
De vaincre son indifférence,
Un séducteur va la presser.
Pensez-y bien, aimable Hortence,
Ne vous laissez pas amorcer.
Le desir vient sans qu'on y pense ;
On lui cède sans y penser.

Sans y penser est la devise
De tous nos jeunes étourdis,
Et quand ils font une sottise,
Ils veulent tous être applaudis ;

F 4

Blâment les pièces les mieux faites,
Osent sur les arts prononcer ;
Font des calembourgs et des dettes,
Et tout cela sans y penser.

Sans y penser, pour être sage,
Nous remettons au lendemain.
On fait souvent, quand on voyage,
Sans y penser, bien du chemin.
Sans y penser, le fils dépense
L'or qu'un père sut amasser ;
Et moi j'ai fait, sans conséquence,
Quatre couplets sans y penser.

Par le C. JOSEPH PAIN.

LA PERRUQUE.

CONTE.

ON vit jadis nos soldats intrépides
Suivre les pas de bien faibles Alcides :
Ce fut sur-tout à la cour de nos rois,
Que l'ignorance étonna par ses choix.
J'en vais conter un exemple authentique,
Très-fabuleux dans une république.

Sous le monarque amant de Pompadour,
Où fleurissaient les beaux arts et l'amour,

Un général guidait en Allemagne
Nos étendards, que la gloire accompagne ;
Mais ce guerrier, habile courtisan,
Dans l'Œil-de-Bœuf, personnage imposant,
Etait plus sot que tous les sots en place,
Toujours rempans, toujours remplis d'audace.
Permettez-moi de vous taire son nom :
Ce chevalier n'eut que trop de renom.
L'on dit un jour à cette ame caduque :
« Oui, Frédéric vient de prendre perruque. »
Le noble chef lors se met à chercher
Sur une carte, et voulait, sans broncher,
Trouver d'abord cette ville inconnue.
En vain l'on rit de sa lourde bévue.
Enfin il dit, d'un ton fier, magistral :
« Croyez-vous donc cet exploit si fatal ?
» Avec raison, mes amis, je m'en moque :
» Perruque n'est qu'une mince bicoque. »

Par le C. P. J. B. NOUGARET.

F 5

LA TAILLE,

AUX FRANÇAISES.

Air : *Du Vaudeville de la Soirée oragense.*

HÉLAS! mon mérite éclipsé
N'est il plus que dans la mémoire?
Et qui, de mon règne passé,
Me rendra le charme et la gloire?
Vous, chez qui je donne leçon,
Sveltes et belles Géorgiennes,
Venez remettre à la raison
Et nos Grecques et nos Romaines.

Savez-vous quel est ce rouleau
De batiste et de mousseline,
Ce mobile porte-manteau,
Qui sous vos yeux passe et chemine?
C'est moi, qu'en dépit de l'Amour,
Mais de l'avis d'une lingère,
Moi, que sous les habits du jour,
On vient d'emballer pour Cythère.

Combien d'hommages l'on m'offrait,
Quand j'avais tournure légère!
Comme à l'envi l'on m'admirait
Chez la nymphe et chez la bergère!
Non, de mes pas, jeunes galans,
N'espérez plus trouver les traces;

Par des fantômes ambulans,
La mode a remplacé les graces.

Ah ! qu'elle s'amuse à chercher
Nouvelle et galante parure ;
Mais quel démon lui fait cacher
Le plus beau don de la nature ?
Je conviendrai qu'assez souvent
A mes dépens l'Amour s'amuse :
Mais il s'y prend si joliment,
Que tout bas ma fierté l'excuse.

Je suis, par mes contours heureux,
Des beautés la beauté première ;
Mes formes flattent tous les yeux,
C'est par mes formes qu'on sait plaire :
Et les voilà sous le secret,
Quand mon voisin montre les siennes ;
Mais, n'en déplaise à l'indiscret,
Que disent-elles sans les miennes ?

Françaises, retenez-le bien,
Et devrais je vous en instruire ?
Sans moi, ni bon air, ni maintien ;
Et sans moi vous croyez séduire !
Ce qu'à l'œil pudeur interdit,
Sachez le voiler, et pour causes :
Mais laissez voir, tout vous le dit,
La tige qui porte les roses.

Par le C. DESFONTAINES.

F 6

A UNE FEUILLE TOMBÉE DANS MON SEIN.

PAUVRE feuille pâle et flétrie,
Que poursuit le vent inhumain,
Ne crois pas trouver dans mon sein
Un abri contre sa furie;
Victime du même destin,
Tous deux nous quitterons la vie,
Tous deux nous périrons demain!
Cet orage qui sur ma tête
Éclate et gronde avec fureur,
Est l'image bien imparfaite
Du désordre affreux de mon cœur.

Éloigne toi pauvre exilée,
Cherche une ame moins désolée
Qui s'abreuve encore d'espoir;
Un mortel dont le cœur sévère,
Du sort ignore le pouvoir,
Ou sache braver sa colère.
Tombe sur la terre d'oubli,
Où tout meurt avec l'espérance;
Où le chagrin, dans le silence
Pour jamais est enseveli.
Au pied de ce côteau sauvage
Vois-tu ces lugubres cyprés,
Et ces tombeaux qui sont auprés?
Là, tous les morts du voisinage

Dorment dans l'éternelle paix.
Près d'eux finiront tes alarmes ;
Leurs maux sont finis désormais,
I's ont versé toutes leurs larmes !

Mais si, messagère du sort,
Tu viens, par ton triste murmure,
M'annoncer l'instant de ma mort,
Ah ! je bénirai ton augure !
Dans la sombre nuit des tombeaux,
Et comme toi, pâle et débile,
J'arrive au terme de mes maux ;
Là je trouverai le repos :
C'est là qu'est mon dernier asile.

Viens, viens, messagère de paix !
Je chéris l'heureuse journée
De ta rencontre fortunée ;
Elle a suspendu mes regrets.
La mort vient au sein de la vie
Mettre le comble à mon desir ;
De mes pleurs la source est tarie,
Ma douleur s'est évanouie,
Et je sens que je vais mourir.

Par le C. DUMAS-DENUGON.

LES BAISERS.

Air : *Que ne suis-je la fougère ; ou : Ce mouchoir,*
belle Raimonde

A seize ans, je vis Zélide ;
Zélide sut m'enflammer ;
Mais qu'on est simple et timide,
Quand on commence d'aimer !
Un sourire, un regard même,
Embellissait mon destin,
Et j'appelais bien suprême,
Un baiser pris sur sa main.

Tant que l'on aime, on desire ;
Sous un saule, elle dormait,
Et, de son aîle, zéphire
Tendrement la caressait :
Sa joue était plus vermeille....
J'y veux cueillir un baiser :
Mon embarras la réveille,
Mais le sien me dit d'oser.

De roses, fraîches comme elle,
Son corset brille, un matin ;
« Que Flore, lui dis je, est belle,
» Quand, pour trône, elle a ton sein ! »

Aussi-tôt, j'approche et j'ose,
Sur la foi d'un dieu fripon ; ...
Je feins de sentir la rose,
Et je baise le bouton.

Je prenais un nouvel être,
A chaque nouveau baiser ;
Je vis deux pigeons paraître,
Et leurs becs s'entrelacer.
Mes yeux, les siens se troublèrent,
Tous nos sens furent émus,
Et nos lèvres imitèrent
Les oiseaux chers à Vénus.

Dans une grotte, l'orage,
Un soir, nous avait conduits;
Le lieu, le tems encourage :
Un nouveau baiser fut pris.
Quel baiser! Amans, maîtresses,
Goûtez-en bien la douceur !
Les autres sont des caresses ;
Celui-là !... c'est le bonheur.

Par le C. PHILIPON LA MADELAINE.

LA RÉPUTATION USURPÉE.

CONTE.

Air : *C'est le triomphe de Bacchus.*

QUEL conte attend mon auditoire ?
De lutins , d'ogres , de méchans ?
Il aurait trop l'air d'une histoire ;
Laissons les récits affligeans.
Le mien sera , je le confesse ,
Un peu léger , crainte d'ennui ,
Et moral . . . . sans qu'il y paraisse ,
Comme on l'est , chez nous , aujourd'hui.

Damis était homme à conquête ;
Jeune , aimable , fat à l'excès ,
Et sur-tout , dans un tête-à-tête ,
Prompt à décider son succès.
D'*insolent* , l'épithète heureuse ,
Accompagnait son nom brillant :
Elise , belle et curieuse ,
Voulut connaître un insolent.

De son côté , Damis projette
De p'aire à Lise , ou de l'avoir :
Il est galant , elle est coquette ;
On se convient ; il faut se voir.
Il vient , il parle , il intéresse
Et l'orgueil d'Elise , et son cœur ;

On résiste, il s'enflamme, il presse ;
Elise cède à son vainqueur.

O néant ! ô faiblesse humaine !
Damis, tout-à-coup, languissant....
Un charme affreux suspend, enchaîne....
L'Amour s'enfuit en rougissant.
« Monsieur, dit Lise, un peu frappée,
» Vous passiez pour un *insolent* :
» Il est bien clair qu'on m'a trompée,
» Vous n'êtes qu'un *impertinent.* »

Par le C. DESPREZ.

LA PUDEUR.

Air : *La lumière la plus pure.*

COMPAGNE de la faiblesse
Et sœur du tendre desir,
La *Pudeur* rêve et se laisse
Entraîner vers le plaisir.
Elle va d'un pas timide,
Tant elle a peur de broncher :
L'instinct qui lui sert de guide
La fait souvent trébucher.

Voyez cette jeune fille,
Dès qu'elle a senti son cœur,
Aux attraits dont elle brille
S'unit l'aimable rougeur.

Le seul nom d'amour l'offense ;
Elle combat son penchant.
Mais songer à sa défense,
C'est penser à son amant.

Cette Pudeur impuissante,
Qui devait la garantir,
N'est plus qu'une confidente
Qui va bientôt la trahir.
Elle hésite, elle chancelle,
Et le penchant combattu,
Triomphant de la rebelle
Fait expirer sa vertu.

Elle se trouble, soupire,
Tout son corps est agité ;
Avec l'air qu'elle respire
Elle boit la volupté.
Sous son humide paupière,
Et dans son regard baissé,
Perce le desir de plaire
A l'amant qu'elle a blessé.

A la plus simple parure
Elle confie en secret
Les appas dont la nature
Orna son joli corset.
Son sein s'élève et s'abaisse
Sous un voile transparent ;
Il sent l'œil qui le caresse
A travers ce vêtement.

D'amour, un trait plein de flamme,
Est prêt à la consumer,
Elle abandonne son ame
Au besoin si doux d'aimer.
Au plaisir qui la convie,
Elle ouvre son jeune cœur,
Et garde sa modestie
En cédant à son vainqueur.

Par le Cit. G. J. C. CROIZETIERE.

LA TOILETTE DE CAMPAGNE.

Air : *Je viens de quitter ma Cloris.*

BELLES, qui laissez les plaisirs,
  Le fracas de la ville,
Pour venir goûter les loisirs
  Qu'offre un champêtre asile.
N'y portez point tous vos atours,
  Vos bijoux, vos dentelles ;
Simples corsets et jupons courts
  Vont bien aux Pastourelles.

Pour fouler les gazons fleuris
  Et la verte fougère ;
Vous serez mieux sous les habits
  De nymphe et de bergère.
Souvent le pied le plus léger
  Glisse sur la verdure,
En tombant on ne peut songer
  Au soin de sa parure.

Par le même.

LA MODE.

Air : *Ah ! voilà la vie.*

UNE mode étrange,
Passe, ou se soutient ;
Un instant la change,
Aucun ne s'y tient ;
Mais l'on suit la mode,
La mode,
Commode ;
Mais l'on suit la mode,
Sans voir comme elle vient.

Jadis, l'inconstance
La forma, dit-on ;
Bientôt, la prudence,
Chez nous, pour raison,
Amena la mode ;
La mode
Est commode ;
Car on voit la mode
Excuser la raison.

Quand la beauté passe,
Un trait dérangé,

Se trouve , avec grace ,
Par l'art protégé ;
De-là vient la mode.
La mode
Est commode ;
En changeant de mode,
Rien ne paraît changé.

Un jour , faible rose ,
Bien loin d'être fleur ,
Passa pour éclose,
Sous un lin trompeur.
On trouva la mode,
La mode,
Commode ;
De-là , vient la mode
De tout voile menteur.

Aimant peu sa belle,
Tromper tous les jours ;
Même être infidèle ,
En aimant toujours ....
Pour être à la mode,
La mode
Est commode ;
On suit cette mode ,
Même en changeant d'amours.

Pour mieux voir la terre,
L'Amour caressant,
En deux mit la sphère,
Sur un sein naissant :
De-là vient la mode,
          La mode
          Commode,
De-là vient la mode
D'y voir double, en aimant.

Parmi nous, sans-cesse,
On change d'habits,
Souvent de maîtresse,
Et même d'amis.
L'on change, par mode :
          La mode
          Est commode ;
Car, de mode en mode,
On change de maris.

Privé de ses aîles,
Sous un autre nom,
L'on voit, près des belles,
Plus d'un papillon.
Ah ! l'homme à la mode,
          (La mode
          Est commode,)

En suivant la mode ,
Sans aîle, est papillon.

Le goût qui varie ,
Prétend arranger
Le goût qui nous lie ,
Le goût étranger :
C'est pourquoi la mode ,
De mode ,
Ou commode ,
Ne reste à la mode ,
Que le tems de changer.

Peindre chaque mode ,
Serait imprudent ;
Respectons la mode ,
Car , en ce moment,
Que de gens de mode,
(La mode
Est commode ,)
Se trouvent de mode ,
Sans qu'on sache comment !

Par le C. EMMANUEL DUPATY.

CHANSON DE TABLE.

Air : *Eh ! gai , gai , gai , mon officier.*

CHANTONS, buvons : ce n'est qu'ici,
    Que la vie
    Est jolie !
Chantons, buvons : ce n'est qu'ici,
  Qu'on nargue le souci.

  Une onde fugitive,
  Voilà notre destin ;
  Mais le ciel , sur la rive ,
  Fait croître le raisin.
Chantons, buvons , etc.

  Peine , ennui , jalousie ,
  Assiégent nos foyers ;
  Mais, ici , l'on oublie
  Jusqu'à ses créanciers.
Chantons , buvons, etc.

  Laissons un dieu volage
  Amuser des enfans ;
  On n'aime qu'au bel âge ,
  On boit dans tous les tems.
Chantons , buvons, etc.

  Trois valses , à Cythère,
  Epuisent un danseur ;

Vider

Vider vingt fois son verre,
N'est rien pour un buveur.
Chantons, buvons, etc.

Combien d'heures chagrines,
Suivent les doux ébats !
La rose a des épines,
Le pampre n'en a pas.
Chantons, buvons, etc.

Belles qu'Amour condamne
A de tendres langueurs,
Imitez Ariane,
Bacchus sécha ses pleurs.
Chantons, buvons, etc.

Garde, fils de Latone,
Tes neuf sœurs, ton ruisseau ;
J'ai, pour muse, Erigone,
Pour parnasse, un caveau.
Chantons, buvons : ce n'est qu'ici,
     Que la vie
     Est jolie.
Chantons, buvons : ce n'est qu'ici,
Qu'on nargue le souci.

Par le C. PHILIPON-LA-MADELAINE.

G

L'AMOUR PRIS A LA PIPÉE.

Air : *Des deux Jumeaux de Bergame* ; ou : *Avec les jeux dans le village.*

L'AMOUR, un soir, dans un bocage,
Descend pour prendre du repos ;
En voltigeant, sur le feuillage,
Il est pris par mille gluaux :
Il se débat, se désespère,
Tombe de rameaux en rameaux,
Aux pieds d'une jeune bergère,
Qui guettait là d'autres oiseaux.

Sortant de sa cachette, Lise
Accourt, en l'entendant crier ;
Mais, dieux ! quelle fut sa surprise,
A l'aspect de son prisonnier ?
« Quels jolis traits ! quel beau plumage !
(Dit elle , approchant pas à pas)
» Si c'est un oiseau de passage,
» Tâchons qu'il ne m'échappe pas. »

Lise, aussi-tôt, dans sa volière,
L'enferme avec rapidité :
L'Amour déguise sa colère,
Sous un air de timidité :
» Ah ! lui dit-il, point d'esclavage :
» Pour me ravir ma liberté,

„ Vous n'avez pas besoin de cage ;
„ Car je suis par-tout la beauté. „

Déjà , par sa douce éloquence ,
Lise se sentait attendrir ;
Lorsque sa mère , avec prudence ,
Lui dit : « Prends garde , il va s'enfuir.
„ Ne perds point de tems à l'entendre ,
„ Coupe ses aîles , sans tarder ;
„ Il est facile de le prendre ,
„ Et mal aisé de le garder. „

Par ce conseil, Lise enhardie ,
Conserva le volage oiseau ;
Elle excita la jalousie
Des jeunes filles du hameau :
Les voilà toutes occupées
A guetter cet oiseau charmant;
Mais on prétend qu'à ces pipées ,
C'est toujours l'Amour qui les prend.

Seule tu peux, de cette chasse ,
Nous apprendre tous les secrets ;
Lise , ton appât, c'est ta grace ,
Et tes piéges , sont tes attraits :
Le dieu léger , malgré tes charmes ,
Aurait pu s'envoler , un jour ;
Mais tes vertus, voilà les armes
Qui coupent l'aîle de l'Amour.

Par le C. L. P. Ségur , l'aîné.

G 2

VOYAGE EN BALLON.

Air : *Fanfare de Saint-Cloud.*

JE suivais, de Bellevue,
Le côteau frais et charmant :
Un ballon s'offre à ma vue,
Frêté pour le firmament :
J'y monte avec assurance,
Etonné, dans mon transport,
De pouvoir sortir de France,
Cette fois, sans passeport.

Me voilà, quittant la terre,
Salué de mille cris,
Long-tems claqué du parterre,
Et planant sur tout Paris.
Poussé par un fils d'Eole,
J'échappe à l'œil qui me suit,
Comme un aigle qui s'envole,
Comme un caissier qui s'enfuit.

Mais, ô grands dieux ! quel contraste !
Et combien, de ce point-ci,
Ce qu'on croit sublime et vaste,
Paraît humble et raccourci !
De loin, quand on les mesure,
Les humains sont, traits pour traits,
Tout aussi petits, j'en jure,
Que lorsqu'ils sont vus de près.

J'ai du *lest* et je le sème,
Pour m'élever encor plus :
Maint courtier fait tout de même,
En voyageant chez Plutus.
Par le scrupule ou la honte,
Sent-il son vol arrêté,
Il s'allége,... et comme il monte,
Quand son *lest* est de côté !

Regagnons notre planète ;
En l'air, c'est assez courir :
Paris s'offre à ma lunette,
Soutiens-moi, léger zéphir :
Si ta molle et douce haleine,
Ne prend soin de me bercer,
Sur un arbre, ou dans la Seine,
Je tremble de remiser.

Ma crainte est réalisée ;
Le char s'est précipité !...
J'ai l'épaule, au moins brisée ;
Mais je l'ai bien mérité.
Hier soir, peur de culbute,
A *Jule*, auteur ennuyeux,
J'ai prêté mon parachûte ;...
Jule est tombé ;... mais bien mieux.

Par le C. DESPREZ.

G 3

VERS SUR L'INCONSTANCE,

Adressés à un Inconstant.

Ami, quel systême est le tien ?
Tu rougirais d'être fidelle ;
Tu t'affranchis d'un doux lien,
En voltigeant de belle en belle ;
De ce travers qui te séduit,
L'amour te plaint, l'honneur te blâme :
Laisse les rêves de l'esprit,
Cherche les vrais plaisirs de l'ame.

L'inconstant n'est jamais heureux,
Tout lui plaît, et rien ne l'attache ;
Pour son cœur toujours orageux,
Sous les plaisirs l'ennui se cache ;
Sans l'employer, sans la sentir,
Il prodigue son existence :
Plus il contente le dèsir,
Moins il trouve la jouissance.

Au sein même des voluptés,
Il accuse encor la fortune ;
Il adore trente beautés,
Et n'en saurait aimer aucune ;
Toujours un secret repentir
Se mêle à sa plus douce ivresse ;

Il ne peut goûter un plaisir
Qu'en regrettant celui qu'il laisse.

Le chérit-on avec ardeur,
Il aime à penser qu'on l'abuse;
La ruse est toujours dans son cœur,
Dans tous les cœurs il voit la ruse.
Sans cesse au moment de trahir,
Il ne peut croire à la constance;
Et des maux qu'il fera souffrir,
Lui-même il se punit d'avance.

De succès il est altéré;
Le succès ne peut lui suffire.
Le bonheur qu'il a desiré
N'est jamais celui qu'il desire.
De tout il veut, il croit jouir;
Mais pour lui, malgré l'apparence,
Le soir n'a point de souvenir,
Le matin n'a point d'espérance.

Au délire du sentiment
Jamais son cœur ne s'abandonne;
Il calcule à chaque moment
Ce qu'il reçoit et ce qu'il donne.
Plus inquiet, plus alarmé
Que celle qu'il cherche à séduire,
Sans être heureux, il est aimé,
Et ne sent pas ce qu'il inspire.

G 4

A peine il sort de son printems,
Son cœur a fourni sa carrière;
Il dépense, en quelques instans,
Le bonheur de sa vie entière.
A trente ans, maudissant le sort,
Et victime de son systême,
Pour tout le monde, jeune encor,
L'inconstant est vieux pour lui-même.

A vivre pour lui condamné,
Au port retrouvant les tempêtes;
Enfin, il reste abandonné,
Seul au milieu de ses conquêtes.
Un doux et long attachement
N'orne pas le soir de sa vie:
De mille objets il fut l'amant;
Il meurt, sans avoir une amie.

Par la Cit. CONSTANCE PIPELET.

HYMNE A L'HYMEN,

Pour la célébration des Mariages Républicains.

Dieu d'Hymen ! reçois nos hommages ;
De deux époux entends les vœux !
Par le plaisir tu fais des sages,
Et par le devoir, des heureux.

A ton nom, la vierge sensible
Laisse engager son jeune cœur :
A ton nom, le guerrier terrible
Soupire et connaît un vainqueur.
L'homme, en cédant à la nature,
Brûle sans frein comme sans choix ;
Son ardeur se fixe et s'épure,
En cédant à tes douces loix.

Dieu d'Hymen, reçois nos hommages, etc.

Tu donnes d'ineffables charmes
Aux soins de la maternité :
Quelle mère a regret aux larmes
Qu'à ses yeux sa fille a coûté ?
Des soins d'amant, d'ami, de frère,
L'homme tour-à-tour est charmé :

G 5

Est-il époux, devient-il père,
Il croit n'avoir jamais aimé.
Dieu d'Hymen, reçois nos hommages, etc.

Si de la rapide jeunesse
Tu n'éternises point la fleur,
Tu fais goûter à la vieillesse
Des fruits encor pleins de douceur.
Elle sourit, environnée
De rejetons qu'elle bénit,
Comme une plante fortunée,
Que chaque bouton rajeunit.
Dieu d'Hymen, reçois nos hommages, etc.

Malheur au mortel qui t'ignore,
Qui traîne ses jours loin de toi !
Cent fois plus malheureux encore
Celui qui te manque de foi !
L'un, dans sa route solitaire,
Marche tristement vers la mort ;
La mort vient frapper l'adultère
Entre la honte et le remord.
Dieu d'Hymen, reçois nos hommages, etc.

La République triomphante
Te décerne un culte nouveau.
Que des Francs la race vaillante
Ne profane plus ton flambeau !

Que dans nos fêtes domestiques
Cet oracle soit répété :
« Sans l'Hymen, point de mœurs publiques,
» Et sans mœurs, point de Liberté. »

Dieu d'Hymen, reçois nos hommages ;
De deux époux entends les vœux :
Par le plaisir tu fais des sages,
Et par le devoir, des heureux.

 Par P. L. GINGUENÉ, *de l'Institut national.*

LA FANTAISIE.

ROMANCE.

LA nuit tombait sur la prairie ;
L'écho dormait dans le vallon ;
Près du ruisseau chantait Silvie,
Et moi j'écoutais sa chanson.
D'Amour dans sa douce folie,
Croyant fuir le charme vainqueur,
Elle appelait la Fantaisie,
Et ne pouvait tromper son cœur.

« Frivole erreur, lui disait-elle,
» Que j'aime ton enchantement !
» Toujours vive et toujours nouvelle,
» Tu fuis avant d'être un tourment.

» Je veux une aimable folie.

» Je crains une tendre langueur.

» Douce et volage Fantaisie,

» Viens m'aider à tromper mon cœur.

» De l'Amour tu m'offres les charmes,

» Sans me préparer ses rigueurs ;

» Tu ne fais point naître d'alarmes ;

» Tu ne fais point verser de pleurs.

» Sur les aîles de la Folie,

» Ombre légère du Bonheur,

» Douce et volage Fantaisie,

» Viens m'aider à tromper mon cœur.

» Dans ton ivresse fugitive,

» L'esprit conserve sa fierté ;

» L'Amour retient l'ame captive,

» Et tu lui rends sa liberté.

» Puisqu'il faut errer dans la vie,

» Prenons la plus légère erreur.

» Douce et volage Fantaisie ,

» Viens m'aider à tromper mon cœur. »

En vain , dis-je lors à Silvie ,
Tu prends les traits de l'enjoûment,
Et les grelots de la Folie,
Pour étourdir le sentiment.
Cette volage Fantaisie
Ne trompera jamais ton cœur ;
Elle agite un instant la vie,
Et ne fait rien pour le bonheur.

Choisis mieux ta douce folie.
Il faut estimer son erreur :
Celle d'Amour charme la vie :
Pourquoi lui refuser ton cœur ?
En vain ton esprit en murmure ;
Ah ! crains son prestige trompeur :
C'est toujours près de la Nature
Qu'il faut chercher le vrai bonheur.

Par la Cit. VICTOIRE B....

LE BON GEOLIER.

PRENONS d'abord l'air bien méchant ;
Qu'à ma voix chacun obéisse ;
Rien qu'à me voir, au même instant,
Qu'un prisonnier tremble et pâlisse.
Allons, faisons de notre mieux,
Tout ce que mon maître desire.....
Mais je sens qu'on est bien heureux,
De n'être qu'un geolier pour rire.

Pour raccommoder deux époux,
Qui, dit-on, vivent mal ensemble,
C'est en prison, sous mes verroux,
Qu'un même ordre, ici, les rassemble :
Si le remède était certain,
Prenant pour exemple le nôtre,
Une moitié du genre humain,
Ferait bientôt enfermer l'autre.

Si l'on parvient à réunir
Ces époux qu'on met sous ma garde ;
Tout aussi-tôt, avec plaisir,
Je quitterai la hallebarde :
Je ferais trop mal mon métier,
Car pressé qu'un malheureux sorte.....
Je ne voudrais être geolier
Que pour ouvrir plus tôt la porte.

(*Extrait d'Adolphe et Clara*, ou *les deux Prison-*
niers, op. com.)

LA JEUNE FILLE A MARIER.

Jeunes filles qu'on marie,
Que votre sort est affreux !
Que de peines dans la vie,
Pour quelques momens heureux !

Ce mari d'abord si tendre,
Toujours soumis, à l'entendre,
Devient bientôt près de vous,
Infidèle, ingrat, jaloux ;
Car voilà comme ils sont tous,
Mon exemple peut l'apprendre.
N'écoutez pas leurs discours,
Et répétez vous toujours.....
Jeunes filles qu'on marie, etc.

Voyez leur orgueil extrême,
Il faut toujours leur céder ;
Un époux veut commander,
A l'amour, au plaisir même ;
Et puis, l'on nous vante
Les charmes du mariage !
Non, ce n'est qu'un esclavage ;
  Qui le connaîtra,
  Avec moi dira,
Jeunes filles qu'on marie, etc.

   (*Extrait du même* op. com.)

COUPLETS

A MA JOLIE TANTE,

Dont Geneviève était la patrone.

Air : *Il pleut, il pleut, bergère.*

GENEVIÉVE fut vierge,
Et charmait les humains ;
On ne vit qu'un beau cierge
Dans ses pucelles mains :
Mais la raison murmure
De ce choix rigoureux :
Cédons à la nature,
C'est obéir aux cieux.

Ainsi que sa patrone,
Dont le nom est fêté,
Ma tante, douce et bonne,
A de l'humanité.
Que fait l'apothéose
Aux amours, aux appas?
Nous voyons mainte rose
Chaque jour sur ses pas.

Vous faites des miracles,
Comme on en fit jadis;
Vous pourriez, sans obstacles,
Ouvrir le paradis :
L'incrédule farouche,
Sans oser en douter,
Mourrait sur votre bouche,
Pour y ressusciter.

Par le Cit. P. J. B. NOUGARET.

LA FÊTE DE L'AGRICULTURE.

A I R : *Femmes , voulez-vous éprouver.*

DÉJA de ses épis dorés
Le front de Cérès se couronne ;
Aux dons de Flore , par degrés ,
Succèdent les dons de Pomone ;
A ses pieds foulant les raisins ,
De pampre ornant sa chevelure ,
Bacchus , sur les côteaux voisins ,
Sourit à toute la Nature.

O combien des cultivateurs ,
Pour moi l'existence a de charmes !
Leurs champs , arrosés de sueurs ,
Le sont rarement de leurs larmes ;
La terre , comblant tous leurs vœux ,
Les récompense avec usure ;
Ils ont appris l'art d'être heureux ,
A l'école de la Nature.

Du luxe insipides loisirs ,
Des cités perfides idoles ,
Loin de moi portez vos plaisirs ,
Vos plaisirs trompeurs et frivoles ;
La fête de l'Agriculteur ,
Au corps robuste , à l'ame pure ,

Est la fête du vrai bonheur ;
C'est la fête de la Nature.

Tout parle et répond à son cœur,
Sous sa main tout se vivifie ;
Il converse avec cette fleur ;
A cette plante il rend la vie :
De nos sophismes captieux,
Confondant la docte imposture,
Il voit bonnement dans les Cieux
Le Dieu qu'il voit dans la Nature.

Ces mêmes héros, dont le bras
Vengeait leur patrie abattue,
Vainqueurs, au sortir des combats,
Allaient retrouver leur charrue ;
Rien, aux yeux de ces fils de Mars,
Des champs n'égalait la culture ;
Elle était le premier des arts,
Lorsque nous suivions la Nature.

O tems des sublimes vertus !
O beaux jours de l'antique Rome !
Qui mieux que toi, Cincinnatus,
Connut la dignité de l'homme ?
La bêche est un sceptre en tes mains,
Aux faisceaux elle fait injure ;
Ils ne commandaient qu'aux Romains,
Et tu règnes sur la Nature.

Puisse refleurir désormais
De tous les arts le plus utile !
Que des Romains, pour les Français,
L'exemple ne soit point stérile !
Faisons revivre l'âge d'or ;
C'est aux champs que le cœur s'épure ;
Et nous serons plus grands encor
En revenant à la Nature.

Par le C. PRÉVOST-D'IRAY.

LE SILENCE.

VAUDEVILLE.

Vous, qui ne vantez que les Jeux,
Les Ris, les Amours et les Graces,
Laissez un moment tous ces dieux
Qu'un sot rimeur met sur vos traces.
Du dieu que je chante aujourd'hui,
Belles, connaissez la puissance ;
A votre aspect il s'est enfui ;
Vous ferai-je aimer le Silence ?

L'Amour, sans ce dieu protecteur,
Eût déjà déserté Cythère ;
Il encourage un tendre cœur
Par l'attrait puissant du mystère.

Zélis, au regard ingénu,
Lui doit toute son innocence ;
Elle peut vanter sa vertu,
Tant qu'elle est sûre du silence.

Un fat, portant vers chaque objet
Son inconstance vagabonde,
Fait à tout le monde un secret
De ce qu'il dit à tout le monde.
L'Amour discret, l'Amour constant
Connaît sa muette éloquence,
Il sait parler en se taisant,
Il sait entendre le silence.

De l'importun qui suit mes pas
L'heureux silence me dégage ;
Le goût l'oppose aux vains éclats
Dont en recueille un sot ouvrage.
Du sententieux, du fanfaron,
De sa fière et lâche insolence,
Si le courage et la raison
Se vengent, c'est par le silence.

Mieux qu'un docteur qui fait grand bruit,
Il confond la folle science :
Le langage du bel-esprit
Ne vaut pas celui du silence.
Paul veut vous faire rire, il rit,
Se caresse avec complaisance ;

Mais au moment qu'il s'applaudit,
Il est puni par le silence.

Graces à son pouvoir divin,
Le froid Bardus a du génie,
Le plat Damon un esprit fin,
Et Cloris de la modestie.
Cléon n'ose pas hautement
Flétrir la timide innocence ;
Mais il se tait plus méchamment,
Et fait médire son silence.

La sottise, un jour, vit ce dieu,
L'aima, lui déclara sa flamme,
Et le toucha par un aveu
Qu'il n'attendait pas d'une femme.
Le silence alors lui promit
De la chérir avec constance ;
La bêtise n'eut de l'esprit,
Que lorsqu'elle aima le silence.

De Philis les amans coquets
De sa beauté chantent l'empire ;
Plus vîte encor que ses attraits,
Passent tous les vers qu'elle inspire.
Beaux madrigaux, jolis sonnets,
Fins impromptus rimés d'avance,
Enigmes, charades, bouquets,
Tout s'engouffre au sein du silence.

Plus d'un rimailleur aux abois,
Poursuit le char de la Victoire,
Qui porte le Vainqueur des rois
Au temple auguste de Mémoire.
Il croit, de ce nom étayé,
S'y rendre aussi; vaine espérance!
Son lourd Pégase foudroyé
Le mène au temple du Silence.

Je me tais; ce n'est pas le lieu
D'étaler ma vaine abondance;
La raison approuve fort peu
Un bavard prêchant le silence.
Vous qui goûtez mes faibles vers,
Portez bien haut votre sentence;
Et vous, censeurs toujours amers,
Gardez, une fois, le silence.

Par le C. SOLIÉ.

ROMANCE
DE DEUX AVEUGLES.

Jamais les rayons de l'aurore
Ne viennent enchanter nos yeux ;
Pour nous seuls rien ne se colore,
Et nous cherchons en vain les cieux ;
Mais si l'auteur de la lumière
A privé notre ame du jour,
Il voulut l'ouvrir toute entière
Au feu pur du plus tendre amour.

Mon ame auprès de ce que j'aime,
Comprend le charme des couleurs,
Et croit que la beauté suprême
Ressemble au penchant de nos cœurs.
Quand sa voix approche et me touche,
Au jour mon ame croît s'ouvrir ;
Et si je rencontre sa bouche ,
Je crois avoir vu le plaisir.

Pour nous seuls l'Amour n'a point d'aîles,
Et nous laisse dans son printems ;
Le regard fait des infidelles.....
Il nous eût rendu plus constans.
Après la mort, si la tendresse
Nous donne l'immortalité ,
Sans doute alors nous voir sans cesse
Sera notre félicité.

Par le C. VERNES, de Genève.

L'AUTEUR CONSOLÉ.

Je connais plus d'un auteur
Qu'une chûte désespère ;
Moi je dis, dans ce malheur,
J'ai mal fait, je dois mieux faire.
Si je viens de m'égarer,
Une autre muse m'inspire ;
Je n'ai su faire pleurer,
Et je cherche à faire rire.
Ainsi, l'amant rebuté
Abandonne les cruelles ;
Pour trouver la volupté,
Il s'adresse à d'autres belles.

Si quelque railleur malin
Fait tomber ma comédie,
Je ferai le lendemain
Une grande tragédie.
S'il osait encor dormir,
S'il se montrait difficile,
Je ferai pour l'attendrir
Un aimable vaudeville ;
Et si l'on applaudit peu
Aux grands efforts de ma rime,
Je mets tout l'enfer en jeu,
Et le diable en pantomime.

(L'auteur dans son ménage , op. com.)

LA

LA JEUNE PERSONNE RAISONNABLE.

ROMANCE.

O vous qui vous laissez séduire,
Jeunes victimes de l'amour;
Si vous redoutez le délire
Que nous inspire un doux retour,
Ne craignez point un œil sévère;
Recherchez plutôt sa rigueur;
Vous braverez un séducteur,
Vous trouverez paix et bonheur....
En disant tout à votre mère.

Si déjà mon ame s'agite
Au doux souvenir d'Alexis;
Si mon cœur en secret palpite,
Si tous mes sens sont attendris;
D'une erreur peut-être trop chère
Je braverai les vains efforts:
Pour m'épargner de nouveaux torts,
Et trouver bonheur sans remords,
Ah! j'irai tout dire à ma mère.

(Même op. com.)

H

DÉCLARATION D'AMOUR D'UN POÈTE.

JL est moins utile, je pense,
D'être savant que d'être heureux.
Non, non, jamais pour la science,
Je n'oublierai d'aussi beaux yeux.
Près de vous j'aime l'ignorance,
Et je préfère, en vérité,
Aux vains discours de l'éloquence,
Les doux regards de la beauté.

Trompé par sa vaine chimère,
Le plus instruit déplaît souvent.
Celui qui sait l'art de vous plaire,
Est à mes yeux le plus savant.
Auprès d'une femme jolie,
Tout est plaisir, tout est bonheur :
J'étudierais toute ma vie
Si vous étiez mon précepteur.

Un père tendre, à ton enfance,
Forma ton esprit et ton cœur ;
Je lui dois ma reconnaissance ;
Lui devrais je aussi mon bonheur ?
Célestine, sois attendrie,
Je t'engage à jamais ma foi ;
Ton Alexis chérit la vie,
Pour la passer auprès de toi.

(*Même op. com.*

LE CHAT ET LE BARBET.

CONTE.

Air : *Femmes, voulez-vous éprouver.*

Un joli chat, un vieux barbet,
Avaient tous deux même maîtresse ;
On battait le chien, vieux et laid,
On caressait le chat sans cesse :
L'un au devoir sut se former,
Et l'autre, à la grace légère ;
Le barbet ne savait qu'aimer,
Et le chat ne songeait qu'à plaire.

Trop souvent le pauvre barbet,
Sans dîner, passe la journée,
Tandis qu'une aile de poulet
Au chat friand est destinée :
La nuit vient, le barbet, constant
Au-dehors veille avec adresse,
Guette un voleur, lèche l'amant,
Et punit ainsi sa maîtresse.

Le chien quelquefois s'éloignait,
Il fallait qu'il cherchât sa vie :
L'amour aussi le retenait,
Pour lui, même un barbet s'oublie :

H 2

Le chat restait à la maison,
De l'amour ne s'occupant guère,
Et cela, pour une raison,
Qui, m'a-t-on dit, rend solitaire.

Le barbet zélé revenait,
A son devoir toujours fidèle :
En le grondant, on lui donnait
Le chat, son rival, pour modèle.
Le pauvre chien en ces instans,
Savait supporter sa disgrace,
En songeant que souvent le tems
Peut mettre chacun à sa place.

Par un arrêt de créanciers,
La dame voit son domicile
Peuplé de recors et d'huissiers ;
De sa maison elle s'exile :
Dans ce cas, maints amis discrets
Aux malheureux, par habitude,
Laissent pour soutiens leurs regrets,
Pour compagne la solitude.

Aussi vit-on, dans ce moment,
Cédant à la cohorte impie,
La pauvre femme tristement
Quitter sa maison envahie.
Dans un aussi fâcheux état,
Notre sort est souvent le même :

Qui la suivit ? Qui ? Pas un chat ;
Et pas même celui qu'elle aime.

Seule, en un galetas voisin,
Un bruit léger vient la surprendre :
A sa porte elle court soudain ;
Qui voit-elle ? --- Un ami bien tendre.
Son barbet qui, d'un air tremblant,
Demande, non qu'on le caresse,
Mais d'obtenir uniquement
De vivre aux pieds de sa maîtresse.

Elle eut un instant de bonheur !
« Viens, dit-elle, ami si fidèle ;
» Quitte mes pieds, viens sur mon cœur
» Recevoir le prix de ton zèle. »
Mon chien, mon chat, pour ma leçon,
Aujourd'hui se sont fait connaître ;
L'un est fidèle à la maison,
Et l'autre est fidèle à son maître.

Par le Cit. J. A. SEGUR.

H 3

LES ENTREPRENEURS.

QUE d'établissemens nouveaux
Où l'on s'entr'aide pour mieux faire !
Folle entreprise de journaux,
Riche entreprise sur la guerre,
Entreprise sur le crédit,
Entreprise de comédie.....
En intérêt comme en esprit,   (*bis.*)
Tout s'entreprend par compagnie.   (*bis.*)

Mais malgré ses moyens nouveaux,
Hélas ! on ne réussit guère ;
Entreprise sur les journaux
Comme entreprise sur la guerre,
Entreprise sur le crédit,
Entreprise de comédie.....
En intérêt comme en esprit,   (*bis.*)
On culbute par compagnie.   (*bis.*)

(*Extrait de la pièce intitulée* , l'Opéra-comique.)

I L'ART DE SE TAIRE EN AMOUR.

JE vous comprendrai toujours bien ;
Ne chantez plus , cédez à Laure ;
Lorsque je n'entendrai plus rien ,
Je croirai vous entendre encore.
Ah ! quand un cœur nous est donné
Lorsque l'on sait aimer et plaire ,
Bien certain d'être deviné ,
Doit-il tant coûter de se taire ?   (*bis.*)

Ah ! que l'amour est imprudent !
Quand on aime toujours le dire :
N'est-ce donc jamais qu'en parlant
Qu'on exprime un tendre délire ?
D'un mot le bonheur se détruit ,
Et souvent on prouve , au contraire ,
Et plus d'amour , et plus d'esprit ,
En sachant à propos se taire.   (*bis.*)

Voulant prouver avec chaleur
Ou son mérite ou sa tendresse ,
On étourdit son auditeur ,
Et l'on fait trembler sa maîtresse ;
On croit jamais n'avoir tout dit ;
On veut briller ou l'on veut plaire. . . .
Les amans et les gens d'esprit
Ne sauront-ils jamais se taire ?   (*bis.*)

(*Même pièce.*)

H 4

DEMAIN.

A ELMIRE.

VOUS me dites toujours *demain*,
Et vous oubliez vos promesses.
Je boude, et votre belle main
Alors me fait mille caresses.
Quand on sait comme vous charmer,
Et plaire tour-à-tour, Elmire,
On doit aussi savoir aimer.
Hélas ! aimer, est-ce donc rire,
Et d'un pauvre amant se moquer ?
Certes, vous êtes encor belle ;
Mais le tems peut vous attaquer,
Et faner d'un petit coup d'aîle,
En passant, vos jolis appas :
Il peut porter ailleurs mes pas.
Que servira d'être cruelle,
De pousser alors des soupirs,
Quand mon cœur sera moins fidèle ?
Elmire, un jour est cher pour les plaisirs.

Par le C. LAFFON.

DÉSESPOIR D'UN FIDÈLE AMANT.

ROMANCE.

TRISTE ramier de la montagne,
Quel malheur a pu te ravir
Ta douce et fidelle compagne ?
Tu ne l'as plus, tu veux mourir.
Que notre douleur nous rassemble ;
J'ai ton cœur, hélas ! et ton sort ;
Approche ! nous dirons ensemble :
Je suis seul, et je vis encor.

Abandonnant les verds bocages,
Dans les déserts tu viens gémir ;
Sur la pointe des rocs sauvages,
Tu répètes : Je veux mourir.
Dès long-tems le mal qui me presse
Me fait ici chercher la mort ;
Comme toi, je me plains sans cesse
D'être seul, et de vivre encor.

Tu fuis, ramier ; ma triste plainte
Te lasse au lieu de t'attendrir :
Solitaire dans cette enceinte,
Tu voulais te plaindre et mourir.

H 5

Demain, quand le jour viendra luire,
Vers ces lieux reprends ton essor;
J'espère ne plus te redire:
Je suis seul, et je vis encor.

Extrait du Don-Quichotte, traduit par FLORIAN.

PORTRAIT D'UN GRAND HOMME.

Le grand homme est celui dont les riches pinceaux
Rapprochent les objets sous des aspects nouveaux;
Dont la plume éloquente, aux grands traits exercée,
Joint le charme du style au don de la pensée;
Qui de la vérité profond observateur,
De sa raison féconde enrichit son lecteur.
Noble et doux à-la-fois, grand sans chercher à l'être,
C'est le chantre romain, qui des cœurs toujours
         maître,
Inspirant de l'amour les lugubres douleurs,
Au bûcher de Didon nous traîne tout en pleurs.
Le grand homme est celui qui sûr du même empire
Désole un peuple entier des malheurs de Zaïre.

Anonyme.

LES SOUVENIRS DE SUZETTE.

ROMANCE.

Qu'avec charme je me rappelle ,
Et nos innocentes amours ,
Et cette campagne si belle ,
Où s'écoulaient nos plus beaux jours !
C'est en vain que je les regrette.
Mais retraçous-les à mon cœur ,
Puisque le rêve du bonheur
Est tout ce qui reste à Suzette.

O toi pour qui, si jeune encore ,
Mon cœur se sentit émouvoir ;
Adolphe, toujours je t'adore ,
Toujours je brûle sans espoir !
Ah ! que mon ame te regrette !
La fortune, par son éclat ,
A pu faire changer l'état ,
Mais non pas le cœur de Suzette.

Je parais dans cette peinture
Telle que j'étais autrefois,
Sans luxe , sans vaine parure ,
Et sous mes habits villageois.....

H 6

Elle offre ce que je regrette ;
Et c'est aussi le seul miroir
Où j'ai du plaisir à me voir ,
Puisque je n'y vois que Suzette.

(La Dot de Suzette , op. com.)

IL EST DES PARVENUS ESTIMABLES.

Le pauvre , aigri par ses destins ,
De l'opulence se plaint sans cesse ;
Il applaudit aux traits malins
Qu'on lance contre la richesse ;
Mais convenons, pour leur honneur,
Malgré la satyre commune,
Qu'il est des gens qui font fortune ,
Et qui conservent un bon cœur.

Tous nos modernes enrichis
Devraient suivre cette méthode :
La bienfaisance, à mon avis ,
N'est pas encore assez de mode :
Mais il faut dire , à leur honneur,
Malgré la satyre commune ,
Que quelques-uns ont fait fortune ,
Et qu'ils conservent un bon cœur.

Si mes vœux étaient entendus,
Le pauvre serait sans envie ;

Les riches, aux douces vertus,
Consacreraient toute leur vie :
Alors chez eux, pour leur honneur,
L'humanité serait commune ;
Et les gens qui feraient fortune
Conserveraient tous un bon cœur.

(Même op. com.)

L'ENRICHI RAISONNABLE.

Depuis que je suis opulent,
Je suis un homme d'importance ;
A l'envi sur moi l'on répand
Caresses, soins et complaisance.
Chacun de chez lui maintenant
Me fait les honneurs avec grace.
Ma foi si nous plaçons l'argent,
C'est aussi l'argent qui nous place.

Ce que je dis, ce que je fais,
Est ample matière à louange ;
Si même je les en croyais,
J'aurais de l'esprit comme un ange.
Aux honneurs qu'on me rend par-tout,
Je me prête de bonne grace ;
Mais c'est à table que sur-tout
J'accepte la première place.

Si notre argent de maint flatteur
Force complimens nous attire ,
Par fois aussi plus d'un railleur ,
A nos dépens apprête à rire.
C'est l'effet d'un dépit jaloux ;
Et de bon cœur je leur fais grace :
Les gens qui médisent de nous ,
Voudraient tous être à notre place.

(Même op. com.)

L'AVEU NAÏF.

ÉPIGRAMME.

« --- De mes desirs te plaît-il de permettre
» L'aveu craintif ? --- Ma mère le saura.
» --- Reçois du moins cette amoureuse lettre !.....
» --- Si je la prends, ma mère la lira.
» --- Souffre un baiser sur tes lèvres de roses.....
» --- J'appellerai ma mère si tu l'oses ! »
Hors de lui-même il ajoute ce point :
« --- Eh ! si d'assaut mon feu te violente ?
» --- Las ! répartit la vierge un peu tremblante,
» Elle en mourrait ; je ne lui dirai point. »

Par le C. LOUIS LEMERCIER.

CONSEILS D'AMOUR.

Air : *L'attrait qui fait chérir ces lieux.*

(Air du cit. Laujon, dans le Couvent.)

AMANS qui, près de la beauté,
Voulez apprendre l'art de plaire,
Et d'inspirer la volupté ,
Même au cœur de la plus sévère :
L'Amour en sait le vrai moyen ,
    Lui seul peut nous instruire ;
Dans votre cœur , écoutez bien ,
    C'est là qu'il va le dire.

Pour inspirer un sentiment,
Amans, il faut sentir soi-même :
La plus légère , en badinant ,
S'intéresse à celui qui l'aime :
Dans votre cœur , bientôt le sien
    Lira votre martyre ;
Aimez beaucoup , aimez la bien ,
    Avant de le lui dire.

Parlez toujours , avec transport ,
Des appas qui brillent en elle :
Avec adresse , on peut , encor ,
Vanter les défauts d'une belle ;

Mais exaltez, ne craignez rien,
Ce qu'elle a pour séduire ;
La coquette, hélas! le sait bien ;
Mais il faut le lui dire.

Le cœur, pris par le sentiment,
Et la tête, par la louange,
La belle, aux vœux de son amant,
Succombera, fût-elle un ange.
O volupté, souverain bien!
Doux transports! doux délire!
Ils vous sont dus, goûtez-les bien ;
Mais n'allez pas le dire.

Par le C. BARRÉ.

L'APPARENCE.

ÉPIGRAMME.

SYLVIE est belle, et la candeur
Repose sur son front aimable ;
De son sein l'embonpoint flatteur
Se dessine en forme agréable :
Elle est fidelle à son mari :
C'est un modèle de constance...
Oui, mais chez elle, mon ami,
Tout se réduit à l'apparence.

Anonyme.

LA NAISSANCE DU VAUDEVILLE.

NOEL.

Air : *Or, nous dites Marie.*

Est-ce dans une ville,
Que naquit, autrefois,
Le petit Vaudeville
Dont nous suivons les lois?
Non, c'est, ne vous déplaise,
Aux champs, loin de la cour,
Que la gaîté française
Un soir, le mit au jour.

Air : *Joseph est bien marié.*

On connaît peu le papa,
D'où ce bambin échappa ;
C'était pourtant un bonhomme ;
Car tous nous savons bien comme
Un esprit sain se mêla,
En secret, de tout cela.

Air : *Où s'en vont ces gais bergers.*

Où s'en vont ces gais bergers ?
Chacun tient sa bergère ;
Ils vont, de leurs pas légers,
Tout droit à la chaumière,

Où l'enfant
Chantant,
Jamais pleurant,
A reçu la lumière.

Air : *Je me suis levé.*

L'un a sa galette,
L'autre crême et lait ;
Lubin, sa houlette,
Annette, un bouquet :
Chantant Nolet, Nolet, Nolet,
Au son de la musette.

Air : *Les Bourgeois de Chartres.*

Tout près de la masure,
D'entre eux le plus matois,
Au trou de la serrure
Regarde en tapinois ;
Au lieu d'un sot
Marmot,
Il apperçoit, sans peine,
Charmant poupon,
Gros, frais et rond,
Qui, bien loin de crier,
Brailler,
Chantait à perdre haleine.

Air : *A l'arrivée d'un bon jambon.*

J'entends, je crois, de bonnes gens.
Ouvrez la porte à deux battans.
Ne prenez pas garde aux habits,
Tous les gens gais sont mes amis.

Air : *Du Noël Suisse.*

Voyez entrer Blaise,
Poussé par Thérèse,
Qui souffle à Nicaise
Un compliment
Charmant :
Nicette qui suit,
En cherchant de l'esprit ;
Voyez le maintien
De Bastienne et Bastien.
La grosse Marotte,
La jeune Javotte ;
Puis enfin Grégoire,
Qui, versant à boire,
Met chacun en train,
Par un joyeux refrain.

Air : *Laissez paître vos bêtes.*

Hommes, femmes et bêtes,
Qui remplissaient ce logement,
Avaient vu bien des fêtes,
Jamais tant d'enjoûment.

Quel autre bruit,
En ce réduit?
Trois sages étrangers, élus,
Arrivent de cent mille, et plus;
C'était leur bonne étoile,
Qui, par monts, par vaux les menant,
Se fixe, et leur dévoile
Le logis de l'enfant.

Air : *En revenant de Bâle en Suisse.*

Le premier, c'est le beau Léandre,
Paré, poudré, musqué, frisé;
Le second, c'est le vieux Cassandre,
Encor verd, mais un peu cassé;
Et cette autre mine,
Fantasque et badine,
Au teint maroquin,
C'était Arlequin.

L'enfant, sans éclater de rire,
Ne put regarder ces minois;
Soudain, il se prit à leur dire,
Ainsi qu'aux joyeux villageois :
« Le goût nous rassemble,
» Partons tous ensemble;
» Allons à Paris,
» Y fixer les ris. »

Par le C. BARRÉ.

LA DANSE.

Air : *Aimé de la belle Ninon ; ou de la Soirée
orageuse.*

C'EST pour varier ses loisirs,
Que chacun réfléchit en France ;
Et le plus suivi des plaisirs,
Depuis bien long-tems, est la danse :
Mais, par malheur, ne voyant pas
Qu'on s'en moque et qu'on les censure,
Beaucoup de gens font des faux-pas,
Et bien peu gardent la mesure.

Mais, dans un bal, le plus souvent,
Chacun agit à sa manière ;
L'audace est toujours en avant,
La prudence reste en arrière :
Maint hypoctite danse à faux,
Tous les désœuvrés se promènent ;
Les braves gens vont dos-à-dos,
Tandis que les fripons se tiennent.

Aspasie, avec son amant,
Dans une valse, s'entrelace,
Tandis qu'hélas, trop promptement,
Quoiqu'à regret, la beauté passe.

Plus loin , des galans empressés
Forment la chaîne avec Glycère ;
Les vieillards font des balancés,
Et les flatteurs, des terre à-terre.

Ainsi la foule en mouvement,
Tour-à tour, se cherche et s'évite ;
Et de ce grand déplacement,
Toujours le désordre est la suite ;
Mais, pour notre bonheur commun ,
Les choses changeront de face ,
Lorsqu'enfin nous verrons chacun ,
Chez nous, retourner à sa place.

Par le Cit. R. CHAZET.

IMITATION DE MÉTASTASE.

O d'Apollon trop heureux favori,
Laurier ! ma main , de l'objet qui m'enflâme,
Vient sur ton bois graver le nom chéri,
Comme l'amour l'a gravé dans mon âme.
Que ma Cloris me conserve sa foi,
Comme on te voit conserver ton feuillage ;
Mais que l'espoir qui soutient mon courage,
Ne soit jamais si stérile que toi !

Par le C. AUGUSTE DE LABOUISSE.

RÉCLAMATION DE LA MAIN GAUCHE,

ADRESSÉE A LA MAIN DROITE.

Air : *Pour vous je vais me décider.*

La Nature, sage en ses loix,
Nous forma pour agir ensemble ;
Comme vous, n'ai-je pas cinq doigts ?
Sous tous les points je vous ressemble ;
Moins active que vous, ma sœur,
J'ai peut-être un peu moins de grace ;
Mais je vous égale en blancheur,
En finesse je vous surpasse.

Reçoit-on un billet bien doux,
Et sans se voir, veut-on s'entendre ?
Il faut y répondre, et c'est vous
Que l'on charge d'un soin si tendre :
Que l'on soit réconcilié,
Et qu'à l'ami, l'ami pardonne,
Soudain, en gage d'amitié,
C'est la main droite qu'on se donne.

« Secourez-vous le genre-humain ?
» Que toujours la main gauche ignore
» Ce qu'aura donné l'autre main, »
(A dit un sage que j'honore).

En cela, je cède à mon sort;
Mais ma plus cruelle souffrance,
C'est que vous m'enleviez encor
Jusqu'aux actes de bienfaisance.

Aux jeux d'adresse, quelquefois,
Vous vous exercez avec grace;
Une fleur se peint sous vos doigts;
Sous vos doigts l'aiguille la trace;
Vous cultivez mille talens,
Que l'on se plût à me défendre;
Vous savez tout,... et nos parens
Ne m'ont jamais rien fait apprendre.

Je suis gauche; et, de bonne-foi,.
Suis-je, en naissant, plus mal-adroite?
Vous priserait-on plus que moi,
Si vous n'aviez pas pris la droite?
Chacune a son poste arrêté,
Voilà toute la différence;
Ayant le cœur de mon côté,
Je dois emporter la balance.

Par le C. PREVOST-D'IRAY.

ÉNIGME.

ÉNIGME.

Air : *Tout roule aujourd'hui dans le monde.*

Je suis un composé de vices,
De perfections, de défauts,
D'amour, de haine, de caprices,
D'arts, de talens, de biens, de maux.
A mes dépens, les *Démocrites*
Ont de quoi rire et censurer ;
Et, chez moi, combien d'*Héraclites*,
Ont, sur moi, raison de pleurer ?

Je chéris la coquetterie,
Et j'aime la simplicité ;
Je parle, je me tais, je crie,
J'ôte, ou je donne la gaîté ;
J'admets, dans mon aréopage,
Des philosophes et des fous ;
Je ne conviens pas plus au sage,
Que je n'amuse le jaloux.

On voit, chez moi, des parasites,
Des gens probes, des scélérats,
Des intrigans, des hypocrites ;
Quelques amis, beaucoup d'ingrats :

I

De mes enfans, pour mon ensemble,
J'ai besoin de m'environner ;
De l'instant que je les rassemble,
Je suis facile à deviner.

Par le C. DESFONTAINES.

LE VOYAGE D'UNE PUCE.

Air : *On compterait les diamans, etc.*

SUR un épagneul des plus doux,
Une puce vivait heureuse ;
Elle était constante, entre nous,
Comme peut l'être une sauteuse :
Chacun d'eux s'étant arrangé,
Du sort suivait la fantaisie ;
L'un mangeant, et l'autre mangé,
C'est l'histoire de notre vie.

Si l'insecte était sur le chien,
Le chien était sur la maîtresse ;
La puce se trouvait fort bien,
Mais elle aime à courir sans cesse :
Lise la tente avec raison,
Par sa peau douce, blanche et rose ;
Elle saute à son pied mignon,
Pour commencer par quelque chose.

Le voyage plaisait beaucoup
A notre puce entreprenante ;
Même elle devint tout-à-coup
Plus curieuse que piquante.
D'un tendre amant, pressant et doux,
Lise alors pardonnait l'audace :
Lorsqu'il se mit à ses genoux,
L'insecte prit la même place.

Sur ce petit genou charmant,
La puce s'étant arrêtée,
Sans l'imprudence de l'amant,
Plus long-tems y serait restée :
Près d'elle, une main s'agitant,
Elle croit être découverte,
Glisse, monte, et dit en sautant :
« Je suis à deux doigts de ma perte. »

Mais la voilà tout près du cœur
De Lise inquiète et rêveuse ;
La même main, pour son malheur,
Suivait toujours la voyageuse :
Comme alors un tourment secret
Troublait son nouveau domicile,
Elle sentit qu'elle pourrait
Choisir un endroit plus tranquille.

« Sur ce beau sein il faut m'enfuir,
» Je ne dois pas y craindre un piége ;

„ Pourtant on peut m'y découvrir,
„ Je suis bien brune, sur la neige :
„ Oui, cette main m'y surprendra :
„ Elle est au cœur ! prenons la fuite;
„ Car ce qui peut parvenir là,
„ Peut ailleurs arriver bien vîte.

« Sous ce collier, me voilà mieux ;
„ Mais je n'y puis rester en place !
„ De ce cou blanc, voluptueux,
„ Suivons le contour plein de grace.
„ Ciel, on me voit: sur ces cheveux
„ Je vais, sans doute, être à merveille !
„ Ah ! j'y suis ! „ Il n'est plus douteux
Que Lise a la puce à l'oreille.

Ces cheveux prouvaient, par malheur,
D'*Armand* l'adresse sans seconde :
Lise, un soir, jette, avec humeur,
La puce, et la perruque blonde.
L'insecte alors se dit tout bas :
« Ah ! puisqu'ainsi Lise m'exile,
„ Dans des cheveux qu'on n'ôte pas,
„ Demain je choisis mon asyle. »

Par le C. J. A. SÉGUR.

L'ASTRE D'UN AMANT.

ROMANCE.

DANS une barque légère,
Hardi, tremblant, tour-à-tour,
J'errais sur la mer d'amour,
Ne sachant où trouver terre.

Un astre, mon seul espoir,
Me guidait dans ma carriere;
Je voguais à sa lumière,
Je ne voulais que le voir.

Hélas! depuis qu'un nuage
Couvre cet astre si beau,
Les cieux n'ont plus de flambeau,
Mon cœur n'a plus de courage.

Astre charmant, reparais,
Prends pitié de mon jeune âge,
Et sauve-moi du naufrage
En ne me quittant jamais.

Par feu FLORIAN.

A MADAME DELIN....

Vous défendez qu'on vous parle d'amour !
Voilez-nous donc ces yeux où l'esprit étincelle,
De ces bras demi-nus le gracieux contour,
Et les trésors charmans que ce fichu révèle ;
   Fermez nos cœurs aux sons délicieux
     De votre voix enchanteresse ;
Empêchez-nous de voir d'un regard envieux
La fleur que vous parez, le lin qui vous caresse.
Mais, vous aurez beau faire, heureux de s'en-
     flammer,
Il faudra près de vous que tout mortel soupire.
   Ah ! malgré soi, puisqu'il faut vous aimer,
   Qu'il soit du moins permis de vous le dire.

Par le C. VIGÉE.

EPITAPHE D'UNE FEMME GALANTE.

Ci gît indulgente et bonne :
Elle eut plus d'un favori,
Et ne maltraita personne,
Hormis pourtant son mari.

Anonyme.

LES RIDICULES.

Air : *Mon père était pot.*

JADIS les hommes, sans défauts,
  Habitaient sur la terre;
Ils étaient bons, bien faits et beaux,
  D'un charmant caractère;
    Mais trop langoureux,
    La gaîté, pour eux,
Etait à-peu-près nulle :
    Or, Dieu voyant ça,
    A chacun donna
Un petit ridicule.

C'était beaucoup d'en avoir un,
  Comme on dit, pour la graine;
Car bientôt, voilà que chacun
  En eut une douzaine;
    Puis, on en eut cent,
    Chaque jour chassant
Tous les petits scrupules;
    Si bien qu'aujourd'hui,
    Nul ne peut d'autrui
Compter les ridicules.

C'est une source de gaîté
  Sans cesse renaissante,

Et c’est, pour la société,
Chose très-amusante ;
L’un de l’autre on rit,
On jase, on médit,
Et sans que l’on calcule,
L’homme le moins fin
Connaît du voisin
Le côté ridicule.

Or, puisque chacun a les siens,
Nous avons tous les nôtres ;
A votre aise riez des miens,
Moi, je rirai des vôtres.
Mais toujours gaîment,
Jamais méchamment,
Joyeux et francs émules ;
Indulgens pour tous,
Chantons, aimons-nous,
Avec nos ridicules.

Par le Cit. J. B. RADET.

L’ÉPIGRAMME ET LE MADRIGAL.

ORGON, poëte marital,
A Vénus compare sa femme :
C’est pour la belle un Madrigal,
Et pour Vénus une Epigramme.

Anonyme.

LA NUIT D'AMOUR.
ROMANCE.

O Nuit ! que tu me semblais belle,
Lorsque, sous ses voiles épais,
J'allais jurer d'être à jamais
Plus amoureux et plus fidelle !

Combien je redoutais le jour,
Quand celle que mon ame adore
Me permettait jusqu'à l'aurore,
De lui parler de mon amour !

Moins timide alors, moins sévère,
Elle osait dire sans rougir,
Ce qu'à peine elle osait sentir
Dès qu'elle voyait la lumière.

Ton silence mystérieux
Augmentait mon bonheur suprême ;
Mon cœur se disait à lui-même :
Tout dort, et je suis seul heureux.

Maintenant, ô Nuit ! Nuit obscure !
Tes ténèbres me font frémir ;
Je me crois le seul à souffrir
Dans le calme de la Nature.

Par feu FLORIAN.

I 5

L'AMANT DÉLAISSÉ.

ROMANCE.

Air : *Je l'ai planté, je l'ai vu naître.*

DE ma Glicère, ô que l'absence
A mon cœur fait sentir d'ennui !
Tout me le dit, par sa présence
Ces lieux ne sont plus embellis.

Vers ce ruisseau rien ne m'appelle,
Tout m'en éloigne pour toujours ;
Son onde murmure loin d'elle :
Ses yeux ne suivent plus son cours.

Par vos chants vous voulez me plaire,
Oiseaux ! vos soins sont superflus ;
Vous ne chantez plus pour Glicère,
Vos accens ne me touchent plus.

Bosquet ! ton antre solitaire
N'a plus de charmes pour mon cœur...
Je ne vois plus venir Glicère
Chercher ton ombre et ta fraîcheur.

Vainement la rose nouvelle
Par-tout à mes yeux vient s'offrir....
J'aurais fait un bouquet pour elle...
Je m'éloigne sans la cueillir.

Vers les lieux qu'habite Glicère,
Ondes, promenez votre cours;
Oiseaux, près d'elle, pour me plaire,
Allez roucouler vos amours.

Bosquet, va prêter ton ombrage
A l'objet pour moi plein d'appas:
Pour lui retracer son image,
Fleurs, allez naître sur ses pas.

Par le C. DELEPINE.

LE COSTUME DE NOS BELLES.

Seule à-peu-près de son côté,
Vénus très-haut sonna l'alarme;
Elle sentit que la beauté
Doit à la pudeur tout son charme,
Et que les attraits qu'en tous lieux
Sans voile aujourd'hui l'on admire,
A force de parler aux yeux,
Au cœur ne laissaient rien à dire.

(*Magasin des Modernes*, par les C. DESCHAMPS
et DESPREZ.)

L'INFIDELLE RÉPENTANTE.

ROMANCE.

Ah ! laisse-les couler mes pleurs ;
Quand je gémis que peux-tu craindre ?
Ta voix augmente mes douleurs,
Ta pitié me rend plus à plaindre.
Tes préjugés, ton repentir,
N'excusent point ton inconstance ;
Tu peux renoncer au plaisir,
Mais non recouvrer l'innocence.

Fidèles à ses jeunes amours,
Ce ruisseau baignait la prairie :
On voulut détourner son cours,
Tu le vois, sa source est tarie.
Eh ! pourquoi résisterait-on
Au doux penchant qui nous entraîne ?
On s'éloigne avec la raison ;
Mais c'est l'instinct qui nous ramène.

Je le vis au dernier printems,
Ce nid de jeunes tourterelles ;
Les époux tendres et constans,
Les prenaient, dit-on, pour modèles.
La mort frappa l'une des deux,
Hélas ! sa compagne fidelle
Ne forma point de nouveaux nœuds,
On la trouva morte comme elle.

Ce chèvre-feuille s'enlaçait
Aux branches d'un rosier sauvage,
Et sous son ombre il fleurissait
Sans craindre le vent ni l'orage.
A présent qu'il est sans appui,
Il rampe au pied de ce feuillage ;
J'aime mieux mourir comme lui,
Que de chercher un autre ombrage

Par le C. WUIET.

L'ENFANT ET LE CHATEAU DE CARTES.
FABLE.

DANS cet âge où tout est plaisir,
Un enfant, pour se divertir,
Dans un jardin voulait construire
Ce qu'on nomme un petit château ;
De cartes il fait un monceau . . .
Un coup de vent vient tout détruire ;
Triste, il ramasse les débris :
« Sans doute je m'y suis mal pris. »
Il va, revient, court, se tourmente :
Les murs sont faits : « Qu'il sera beau,
» Mon petit château !... » Vaine attente !
Le vent s'élève, et de nouveau
Renverse forts et citadelles.
Semblables à ce jeune enfant,
Les mortels s'agitent souvent
Pour de pénibles bagatelles.

Par le C. HOULLIER DE ST. REMY.

LA DOUCE PHILOSOPHIE.

Air : *Du Vaudeville de la Soirée orageuse.*

Rions, chantons, aimons, buvons,
En quatre points, c'est ma morale ;
Rions, tant que nous le pouvons,
Afin d'avoir l'humeur égale.
L'esprit sombre que tout aigrit,
Tourmente tout ce qui l'environne ;
Et l'homme heureux qui toujours rit,
Ne fait jamais pleurer personne.

Souvent les plus graves leçons
Endorment tout un auditoire ;
Mettons la morale en chansons,
Pour la graver dans la mémoire :
A ses vœux, un chanteur, dit-on,
Rendit l'Enfer même docile :
Orphée a montré qu'un sermon
Ne vaut pas un bon vaudeville.

Quand Dieu noya le genre humain,
Il sauva Noé du naufrage ;
Et dit, en lui donnant du vin :
« Voilà ce que doit boire un sage. »
Buvons-en donc jusqu'au tombeau ;
Car, d'après l'arrêt d'un tel juge,

Tous les méchans sont buveurs d'eau;
C'est bien prouvé par le déluge.

Un cœur froid qui jamais n'aima,
Du ciel déshonore l'ouvrage,
Et pour aimer, Dieu nous forma,
Puisqu'il fit l'homme à son image.
Il faut aimer, c'est le vrai bien :
Suivons, amis, ces lois divines;
Aimons toujours notre prochain,
En commençant par nos voisines.

Par le Cit. L. P. SEGUR.

LES PREMIERS VENUS.

COUPLET.

A u parnasse Apollon préfère
Aux derniers les *premiers venus*;
Le myrte qui croît à Cythère
Couronne les *premiers venus*.
En affaires tout l'avantage
Appartient au *premier venu*.
N'a pas qui veut en mariage
L'honneur d'être un *premier venu*.

Par les C. JOUY et LONCHAMPS.

L'AMOUR DIFFICILE A CACHER.

L'AVARE cache sa richesse,
L'ambitieux ses grands desseins;
Le sage dérobe aux humains
Et son bonheur et sa sagesse :
L'amour, l'amour seul se trahit;
C'est un enfant, il fait du bruit.

Je fuis par-tout certaine belle,
Par-tout je cherche à l'éviter;
Mais quand je viens de la quitter,
Je me retrouve plus près d'elle.
Malgré lui l'amour se trahit;
C'est un enfant, il fait du bruit.

Si l'on prononce en ma présence
Son nom que je ne dis jamais,
Je baisse les yeux; je me tais,
Et l'on entend bien mon silence.
Malgré lui l'amour se trahit;
C'est un enfant, il fait du bruit,

Si je veux d'une voix hardie,
Parler d'elle et la célébrer,
Hélas ! j'ai beau m'y préparer,

Je me trouble et je balbutie.
Malgré lui l'amour se trahit ;
C'est un enfant, il fait du bruit.

Enfin contre moi tout conspire :
Mon air libre, mon embarras ;
Ce que je dis ou ne dis pas ,
Tout apprend que j'aime Thémire.
Malgré lui l'amour se trahit ;
C'est un enfant, il fait du bruit.

Par feu FLORIAN.

SUR ANACRÉON ET OVIDE.

Jaloux de plaire, *Ovide, Anacréon,*
  Dans leurs écrits, enfans de la paresse,
Célébrèrent l'amour et sa riante ivresse
  Chacun sur un différent ton.
L'un abusa de tout, même de la tendresse :
L'autre au sein des plaisirs conserva la sagesse.
L'un chanta l'art d'aimer, et l'autre en eut le don.

Par le C. TALAIRAT.

L'AMANT RAISONNABLE.

STANCES REDOUBLÉES.

GRANDEURS, trésors que l'on envie,
Pour moi vous n'avez point d'attraits :
Hélas ! que faut-il à ma vie ?
La vertu, l'amour et la paix.

Tandis que la foule éblouie
Ose croire à vos vains plaisirs,
Je vous préfère mes soupirs,
Grandeurs, trésors que l'on envie.

Transports si voisins des regrets,
Bonheur d'un jour, rapide ivresse,
Que suit une longue tristesse,
Pour moi vous n'avez point d'attraits.

Mais lorsqu'aux pieds de mon amie,
Je lis dans ses yeux mon destin,
Heureux hier, heureux demain,
Hélas ! que faut-il à ma vie ?

L'espoir de lui plaire à jamais
Me rend meilleur, plus doux, plus sage,
Et me fait chérir davantage
La vertu, l'amour et la paix.

Par feu FLORIAN.

L'HYMÉNÉE.

Couplets chantés le jour du mariage du
citoyen B * * *.

Air : *Il faut des époux assortis.*

HYMEN ! tu combles nos desirs ;
Au sort des mortels tu présides ;
Tu soumets aux plus doux plaisirs
Les grâces modestes, timides.
Pour fixer le volage amour,
Et le rendre à jamais fidéle,
Tu te décides, dans ce jour,
A lui rogner enfin une aîle.　　　　　　(*bis.*)

Il vole avec vous sur les pas
Du dieu charmant de la tendresse,
Belle Mimi, dont les appas
Brillent encor par la sagesse.
Alors, pour la première fois,
S'embrassant en amis fidèles,
L'Amour dépose son carquois,
Et l'Hymen lui coupe les aîles.　　　　　　(*bis.*)

Pour tous les vrais amis des mœurs
L'Hymen a des nœuds desirables,

Ses liens sont tissus de fleurs,
Et ses plaisirs purs et durables.
Le bonheur file vos instans ;
Des époux soyez les modèles,
Et faites voir, dans tous les tems ,
Que l'Amour heureux n'a plus d'aîles. (*bis.*)

Aux père et mère de la jeune épouse.

O vous qui donnâtes le jour
A cette épouse intéressante !
Vos soins sont payés de retour,
Tout plaît en elle , tout enchante.
Que votre sort fait de jaloux !
Vos ardeurs sont toujours nouvelles :
Vous prouvez que pour les époux
L'Amour et le Tems n'ont plus d'aîles. (*bis.*)

Par le C. P. J B. NOUGARET.

LA WALSE.

La walse est, chez nous,
L'effroi des époux ;
De l'amant
C'est le moment
Charmant.
Au signal joyeux,
Vingt couples heureux
Sont placés,
Enlacés,
Elancés.
L'aimable foule
Bondit et roule ;
Mais bientôt
C'est un flot
Qui coule.
La pudeur
En impose à l'ardeur.
Trop heureux amans,
Quels momens
Charmans !
Œil jaloux
Des époux,
Fermez-vous.
Le bras caresse,

Le genoux presse ;
L'œil malin
Sous le lin
Se baisse,
Et le cœur
De langueur
Se meurt.
Mais quels sons puissans
Raniment les sens !
Quels élans !
Quels yeux étincelans !
En l'air
On se perd.
L'esprit
S'étourdit.
Œil jaloux
Des époux,
Fermez-vous.

Extrait du Vaudeville d'Arlequin incombustible.

LE MAL D'AMOUR.

Dans le printems de mes années,
Je meurs victime de l'amour,
Semblable à ces roses d'un jour
Que le même jour voit fanées.
Ah ! gardez-vous de me guérir ;
J'aime mon mal, j'en veux mourir.

Douce amitié, raison, sagesse,
Vous seule pour qui je vivais,
Reprenez-moi tous vos bienfaits,
Ils ne valent pas ma tristesse.
Ah ! gardez-vous de me guérir ;
J'aime mon mal, j'en veux mourir.

N'exigez pas que le silence
Vous dérobe mes tendres feux ;
Les derniers biens des malheureux
Sont la plainte avec l'espérance.
Ah ! gardez vous de me guérir ;
J'aime mon mal, j'en veux mourir.

Par feu FLORIAN.

FIN.

TABLE.

K

Fin de la Table.